Adelanto del próximo libro : "El Complot en España Bases Subterráneas Alien Grises Gobiernos y Montauk [1942-2016]":

April 14, 2016

I0435544

[

0-Prólogo
1-Introducción :

Cuando comencé a pensar en escribir este libro muchas ideas me vinieron a la cabeza acerca de la conveniencia o no de esribirlo,del formato a ser utilizado,del tipo de lenguaje a utilizar,de la frecuencia en que debía usar tal o cuáles expresiones; me había negado reiteradamente a escribir un libro de investigaión,y mucho menos periodístico,creo que ni en el método ni en la forma yo podría o quería hacer un trabajo de este tipo,aunque en los últimos años el género histórico se haya visto "intoxicado" por autores que escriben historia,desde su trabajo periodístico,ya digo que ni en formato es adecuado,pueden ganar fama un tiempo,pero las consecuencias no se haen esperar,falta de seriedad en planteamientos,gusto por los escenarios y no por el análisis,batallas,en fin,muy positivista,de eso el siglo XIX está lleno,o lo estaba,pero el siglo XX e incluso el XXI significó una ruptura y un eje de ciertos tipos nuevos de seriedad en la epistemiología,la ontología del término historia,incluso,mucho se puede decir,nada bueno acerca de este fenómeno,y todo forma parte del mismo "mainstrem" o idea-fuerza del Nuevo orden Mundial.

Tampoco me sentí dispuesto a hacer (escribir) sin una mínima preparación previa,pero el método no quería que fuera "periodístico",así que esperé..Y continué escribiendo,haciendo videos y mis programas de radio,asi un día tormentoso me vino la idea del libro,completo y redonda (*la idea),no cabe duda que se puede poner en duda la rigurosidad del planteamiento,pero no tanta prisa,todo tiene su porqué y su razón de ser,su tiempo perfecto.Es por ello que continué y preparé el "armamento",pregunté a mi esposa si me podía ayudar a esribir una bibliografía mínimamente seria y un índice y me dijo que sí,todo va por su camino,ella por su parte con una serísima preparación de la Facultad de Historia en Rio Grande do Sul (Brasil) conoce muy bien el tipo de trabajo que ello requiere,y lo complejo de tamaño trabajo.

2-Índice :
Capítulo 1: Tratados con "Los Grises"

 (…)
1.2.Felipe González,los Grises y El Tratado de Suresness-"Berlín" (1979).
(…)
1.9.Pablo Iglesias, Podemos y El Tratado de "Bruselas"-Madrid (2016)

Capítulo 10: Bases Subterráneas en España:

10.1-Militares.["milicos"]
10.2-Civiles.
10.3-Extraterrestres:
-Ancestrales
-Recientes
10.4-Mixtas.
Descripciones,entrevistas,testimonios,encuentros,huellas,señales…
Otros temas:
-Los incendios en España y las Bases Extraterrestres.

(…)
2-Bibliografía : Extensa,Primordial.

CAPITULO 1 : "Tratados con los Grises" :

1.1.Franco,los Grises y el Tratado de El Pardo (1942). :

Allá por la primavera de 1942 un encuentro en Madrid habría de cambiar el mundo, y no es llamado "el Roswell español" porque se mantuvo en el más estricto secreto,de los secretos.

Durante toda la última semana del mes de marzo de ese mismo año una serie de avistamientos de OVNIS en la sierra de Guadarrama y en las cercanías de la capital larmaron a las autoridades que hicieron lo posible para ocultar las evidencias,pilotos militares,autoridades civiles franquistas y demás instituciones,incluso el obispo de Madrid,a la sazón ...., se reunieron en varias y sucesivas ocasiones con objeto de lograr saber el origen y las intenciones de tamaña demostración pública,nadie consiguió dar con el supuesto complot "judeomasónico",aunque muchos habían sentido efectivamente lanzados a crear supuestas relaciones con fantasmas de guerreros medievales,hasta del propio Cid,pero eso de las naves...Franco se mostraba huraño,nervioso esos días y su régimen también se definía esos días por ese estado alterado del "Caudillo",un conjunto de vasos vacíos yacían en la mesa del escritorio del pequeño dictador,una serie de infusiones le estaban ayudando a llevar la situación de aquellos extraños artefactos" que incluso amenazaban con alterar sino eliminar su habitual paseo vespertino :

-Esto es cosa de Muñoz-Grandes!!,exclamó furioso Franco golpeando sobre la mesa.
-Hitler y él se vieron de nuevo,le señaló el secretario.
-Aquí no hay más cojones que los míos!!!

EL Pardo en aquellos días mostraba su mejor cara, y los árboles comenzaban a despertar tras el tremendo y cruel invierno de 1941,los ciervos corrían presurosos por las lindes bien delimitadas del puesto de vigilancia donde los soldados se apostaban para indicar el inicio del Coto privado de caza ,"privadísimo" del dictador.
Su preparación castrense le ayudó a satirizar la cosa,con bromas de la soldadesca,lo primero que le había venido a la cabeza,pero sus ayudantes "moros" tampoco le daban explicaciones ,que cada vez eran más solicitadas,"Djins,dijns!!" era la respuesta más escuchada,tampoco ninguna autoridad del cielo ni de la Tierra le sacaba de la pregunta; No serían maniobras de los guerrilleros maquis para matarle?.
Preguntas sin contestar,confesiones falsas,algún prisionero comunista muerto por las torturas aquella noche,carreras nocturnas en un Madrid de toque de queda,y hambre,mucha hambre,nisiquiera los espías más sagaces pudieron señalar cuántas y en qué condiciones aparecieron o volverían a aparecer aquellas "luces en el cielo".
Todo terminó aquella tarde cuando una llamada desde el Ministerio del Aire le sacó de la duda,aquel 23 de Marzo pasó a la historia,aunque no a la oficial,sino a la real.
Antes de partir del despacho,se persignó y rezó a Santiago,para que el encuentro estuviera de acuerdo con la visión que ya de adolescente tuvo del santo y que le marcó el resto de sus días.

Adoquinado calle Alcalá y calle Barquillo, Madrid 1942.

1.1.1."El Encuentro":

Ahora que nos encontramos en esta parte de nuestras investigaciones, vamos a hacer un alto y hablar de las diferentes secciones de razas extraterrestres, humanas y no humanas, que operan y siguen operando en nuestros cielos, subterráneos e inconscientes, de manera consciente o no forman parte intrínsea de nuestra propia historia.Cómo sino habríamos desubierto la filosofía griega o los logros del Renacimiento Italiano,de la época de la dinastía Ming o la revolución científica de Al-Andalus?.

Alrededor y dentro de nuestro Sistema Solar circulan o cohabitan toda una caterva de entidades en sus subsecuentes lugares y/o fatores dimensionales,hablando en términos cuánticos.

No valoraremos una clasificación rigurosa sino solamente nombrar a aquellas razas que más contato y en más ocasiones y más cercano han tenido con nosotros.

En los últimos años (y empezamos por el final) ha sido particularmente efetiva y notoria la presencia de los venusinos,que trabajan en 5-6D y cuyos afanes se dedian al trasvase de universos,es decir a crear portales especio-temporales (y no solamente para ellos),y de localizarlos y destruir los peligrosos,asi como construir otros necesarios,Son extremadamente sutiles en esta dedicación,pero claros y firmes en sus propósitos de no dejar expandirse al Imperio Alien (Reptiliano-Gris) más allá de lo pertinente,asi ellos utilizan armas temporales,o retrotemporales,pudiendo meter a planetas enteros en un bucle temporal retoractivo instantáneamente,asi como los reptilianos ,aunque estos últimos lo han intentado de manera tecnológica los últimos 70 años,con cierto éxito los últimos 20,coincidiendo con el auge del NWO (1991-2016).

Los Venusianos no cooperan directamente con nosotros,más que en sueños o reminiscencias,o deja-vu,y son los creadores de los universos paralelos,siendo los guardianes del Universo DAL,aunque los Pleyadianos intentaron adecuarse e infiltrarse en el mismo para conquistarlo,los Venusianos guardan celosamente las llaves de los Universos.Ya hablaremos en otra ocasión de la traición de los Pleyadianos a todas las razas federadas del cosmos,y sobre todo los humanas,convirtiéndose en sus principales aliados (humanos regresivos).

Cuando nos interesamos por la época concreta de 1942,en España,todo fue muy claro,en el sentido de la presencia de los Venusinos,y los Mayas.Las Teorías de David Willcox y Corey Goode asi como Benjamin Fullford,no pueden dejar de ser contra-información,y en cierto sentido muy interesada,para desacreditar otros movimientos de resistencia.El problema de "la Cábala" y toda la teoría de David Willcox,es que es muy espectacular,pero poco consistente,y ligeramante alejada de la verdad,lo suficiente para permitir que no se la conozca,y por lo tanto se la combata.Pero en su ambiguo papel están haciendo más daño que otra cosa a ,como digo,la verdad.Tal aseveración no podría haberme llegado asi,por casualidad,sino después de un exhaustivo control de los textos y los programas adheridos,y un análisis posterior,una conclusión de años,lo siento por los que de verdad creen,y quieren de verdad acabar con la zarpa del Imperio Alien,pero antes es necesario que se sepa la verdad,toda la verdad.

-There´s a bigger picture..hay algo más...hehe!!!

España ha vivido sumergida o ha sido un lugar muy manipulada y controlada por los poderes fácticos históricamente,poderes de todo tipo,que han establecido sistemas favorables al contacto con la población en núcleos donde se reúnen las personas alrededor de centros neurálgicos,una plaza,una iglesia,un ayuntamiento.

Con el tiempo estos centros de reunión se fueron convirtiendo en símbolos de centros de poder y llegados al siglo XX y I la situación es realmente muy favorable al Imperio

Alien,convirtiéndose españa en uno de los paises más controlados y vigilados de todo el mundo (sólo superado por EEUU).Y esto es posible por una caterva de motivos o fenómenos factuales que como rios fluyen para crear la corriente mayor:

Es España,un pais en el que las universidades han sentado cátedra sobre teorías Conductistas,[el conductismo es una variante filosófica de la etología (o psicologia aplicada al estudio del comportamiento de los animales)],durante decenas de años,un pais pionero en una teoría que dice que se pueden controlar todos los procesos mentales con estímulos externos de todo tipo,tanto positivos como negativos,el ejemplo del conductismo más famoso son los perros de Paulov o los ratones dentro de un casillero en forma de laberinto.Ello es debido a causas históricas sobre todo,por la influencia de una inquisición beligerante,insidiosa y particularmente cruel con su población y las tácticas de tortura que usaban para sacar "información" a la población,ello ha dejado profundas heridas en el alma humana de los españoles,e incluso diría que se han establecido cánones genéticos que responden a esa realidad altamente negativa,siglos de torturas constantes ha generado un carácter desconfiado,retiente a cambios y muy predispuesto a obedecer,que era lo que los poderes extraterrestres y aliados han buscado sin descanso.Dictaduras como la de Franco prepararon el terreno o allanaron el suelo para la última fase del Plan Alien,la creación de un régimen secuencial en base a un control y vigilancia de naturaleza electrónica (chips intraepidérmicos,politica de clones,vigilancia del telefono,internet…uno de los más desarrollados del mundo).

Es lógico pensar que la consecuencia natural y lo que ocurrió fue la aparición de los Grises con sus tecnologías de control mental,a cambio de "experimentar con unos pocos humanos",el "tratado del Pardo" (1942) asi lo declamaba,como lo habían hecho los tratados de Gread y el resto con los otros gobiernos del mundo.España fue pionera junto a EEUU en esta politica de pactos con los recién llegados,y la naturaleza de nuestra historia hizo el resto,no fue artificial la creación del código fuente de este régimen secuencial,ni fue casualidad que fuera entre los españoles donde más se desarrollara la tecnología Montauk incluso con la ignorancia de los mismos, obviamente tras los siglos de coaccionamiento sistemático,ahora llegaba el adoctrinamiento sistémico,limpieza neural,arrasar con las neuronas,después simple implantación del programa base,no hace falta ser alien para darse cuenta del maquiavélico plan.Los reptilianos prepararon el terreno ,aún sin saber de los Grises,asi la llegada de los mismos desde 1931 sólo hizo que agravar el contexto y esta línea de tiempo desfavorable a los humanos.

Por último señalar que para la mayoría de los españoles todo es un sueño,y nisiquiera se imaginan la magnitud de la "Matrix" a su alrededor o dentro de ellos.Ya iremos desgranando los componentes intrínsecos del complot Alien,en el que hospitales,Universidades,centros de poder politico y hasta los bares forman parte del mismo..y explicaremos detalladamente cómo,porqué,quién y cuando,al más puro estilo periodístico,muy a mi pesar.Ramón y Cajal,descubridor de las neuronas, español, será una casualidad?,pensamos que no,analizando los hechos y viendo las consecuencias,todo encaja.

Franco salió del edificio dispuesto a completar su "misión divina" y a no regresar al pardo con las manos vacías,con este propósito entró en el vehículo oficial a dirigirse al lugar secreto cercano a Madrid,alli un grupo de científicos exploraba una ladera en contraposición al serrano monte,Guadarrama,aquel valle oculto iluminado por la presencia de aquella luz,y su procedencia...

-genral!!..excelentísimo..hemos logrado..

-Déjense de chanzas,de qué se trata?,algún arma de los maquis?.

-No,su Excelentísimo,dijo servilmente el doctor Prado,mirando por encima de aquellas gafas de culo de vaso..se trata de otra cosa...

-Bueno..y qué es?

-Por favor,si hace el favor aprovímese a esta roca,de allí procede la luz!.

Ante los ojos del ambicioso personaje apareció una nave lenticular de unos 7 metros de eslora y unos 4 metros de altura,de color plateado y sumamente brillante,una suave aureola brillante del mismo tono la rodeaba impidiendo no fijarse en la luz que se emitía desde su interior.

-Hemos analizado su interior,con rayos-X..Existen seres dentro!!!.

-Han logrado hablar con ellos?.

-No emiten ningún mensaje,por eso le hemos llamado con tanta celeridad,creemos que le esperan a usted.

De repente de dentro de la nave un sonido indescriptible como mil elefantes marinos destripándose unido a un chirrido sumamente desagradable,oxidado elevado a mil surgió de la nave,teniendo que taparnos los oídos, dos figuras del tamaño de franco surgieron con enormes cabezas,los típicos grises,o lo que luego serían clasificados como grises,como cuerpos de niños,sin sexo definido y enormes ojos negros.Los militares les apuntaron directamente a los recién llegados.Dirigiéndose a Franco,éste hizo el gesto que no dispararan y fueron los tres caminando amistosamente a una carpa pequeña cercana donde unas sillas de dentista hicieron de aposento a la primera reunión,y no última entre grises y un jefe del estado español.

-Señor...!,le interpeló el subsecretario de Gobernación.

-Cállese!,no ven que están hablandome?,cierren la tienda!!!,déjenme a solas con ellos!!!.

Una profusión de imágenes había llenado la mente de Franco,de la Guerra Civil y cómo había sido ayudado en momentos muy especiales,por "fuerzas divinas",ahora venían a retribuirle el pago.

-Qué quéreis? Prado!!!,venga aquí ahora mismo!!!

-Sí!!,si su Excelentísimo...

-Tome nota!!!.

-Sí..pero como..como pueden leer mi mente?.

-No haga caso..y comunique cada palabra..es un documento oficial ,está claro?.

-Sí,así lo haré!!!.

-Qué queréis?

-"Poder tener acceso al canal genético de algunos españoles.."

-Ha escrito?

-Sí, genético…mientras le temblaban las manos ,pero seguía escribiendo el improvisado notario.

-"..para ayudar a nuestra raza"

-Raza,ha escrito?.

-Sí,si,señor!!!.

-"…a cambio te daremos poder "

-No,eso no lo ponga

-Poder?,de qué tipo?

-"…Os daremos toda nuestra tecnología para controlar sus mentes,no hará falta otra guerra,y para viajar y desplazaros en el tiempo…".

-Ha escrito Prado?

-Textual.

-Ale!,lo quiero en mi despacho hoy por la tarde,está claro,Prado?

-Si…temblaba como una hoja contra el viento en otoño.

-Vamos!!...

Franco salió después del improvisado a su vez campamento otorgando instrucciones a sus tropas para recolocar la nave y sus ocupantes cómodamente en la Base Aérea de Cuatro Vientos,la reunión había concluido con la renuncia de Franco sobre los auténticos motivos del contingente de reservatorio humano que necesitarían su ahora aliados Grises,y que sacaría de los campos de concentración,de los presos comunistas,los vencidos de la Guerra Civil,con ellos se harían los experimentos…A cambio había conseguido el poder que siempre había deseado sobr España,hasta su muerte,con la ayuda de las tecnologías de control mental,y las consabidas naves y otros medios de que los militares franquistas harían buen uso.

Por la tarde del 23 de Marzo del 1942 "el Tratado del Pardo" fue refrendado entre Franco y las fuerzas venidas del espacio,era la primera vez que un Jefe del Estado Español había realizado tamaña negociación y cuyas consecuencias irían mucho más allá de lo que el propio dictador se imaginaba en aquel momento,el tratado firmado por Franco fue llevado a Cuatro Vientos donde los Grises refrendaron a su vez con su "firma",no existen copias del mismo,aunque sí varios y numerosos testigos del evento,tanto en "El Prado" como en la Base Aérea.Ninguno de ellos vivió para contarlo.Aunque lo sabemos por testimonios indirectos,éstos son suficientemente esclarecedores para definir la fecha,los lugares y la importancia de "el Tratado del Pardo",el primer Tratado ,que no el último,que una potencia extranjera al Eje firmaría en España,a partir de él todos y cada uno de los Jefes de Estado Español han ido rubricando sus respectivas firmas en consecutivos Tratados hasta el último, en la fecha del 2016,con "El Tratado de Bruselas".

1.2.De Duendes y Maquis :

Cuando se trata de control,y más todavía de control poblacional hay unas cuantas lecciones que aprender, y más de esta época,pero sin la colaboración sistemática por parte de los Grises,Franco nunca habría disfrutado de tal poder omnimodo,por las contradicciones o disensiones internas,tanto cuanto por las presiones internacionales,pero los acólitos Grises ya habían iniciado una serie de pactos tanto en Francia (1947) como en Reino Unido (1948) al entrar en el inicio de la década de los 50´s.No nos detendremos en ellos,porque fueron numerosos,prolijos y muy accidentados,pero marcan el futuro de la Unión Europea y sus digresiones que ahora estamos asistiendo,también auspiciadas por personajes no humanos.

Tanto cuanto la situación estaba ciertamente estable en España,existían pequeños grupos de gran poder moral sobre la población sobre los Franco inició una acción contundente finalizada la gran guerra en Europa,estableciendo puestos de comando en las estribaciones de los principales núcleos,al pie de las fragorosas montañas ibéricas,como ya habían venido realizando hist´roricamente bandoleros,independentistas de todo tipo,soñaderos y gurús siglos atrás,la montaña adquiría así una entidad o supra-entidad por sí misma (la diosa Mari para los Euskaldunes) y no en vano ello llevaba consigo conexiones con la Galaxia de Lyra y nuestro origen de las diferentes razas humanas.

Asi cuando las tropas de Franco comenzaron a la búsqueda de los insurgentes,éstos llevaban años en contacto con una serie de entidades que de siempre han habitado las montañas españolas,extraterrestres que de común se denominaban Duendes,Lamias,etc... y cuyas naves y tecnologías eran bien conocidas,sobre todo en Los Pirineos Vascos y Navarros (Elizondo,Zugarramurdi),por sectores poblacionales heterodoxos que han habitado esas tierras,como los Agotes o las mal llamadas Brujas,exterminadas por el Tribunal de la Inquisición durante la Edad Media muy conectadas con estos pueblos extraterrestres durante siglos y milenios.

EL LABERINTO DEL FAUNO

En la película "El Laberinto del Fauno" aparece una interesante descripción de esta época y sus conexiones,aunque no nos detendremos en ellos,sino más bien en cómo se desarrollaron las agendas de los "duendes" y otros pueblos extraterrestres en confrontación con los otros pueblos regresivos aliens como los Grises y los Sirianos-B.

Pueblos relacionados con los duendes,elfos,... son los Pleyadianos,muy conectados con las ciudades intraterrestres o intraterrenas,como es el caso o ejemplo de Telos (Oregón),Erks(Argentina),o Posid (Brasil),por citar algunas,
La ciudad de Mari* es la más importante plataforma o base de las tropas Pleyadianas al sur de Europa se encuentra en la base de los Pirineos (Norte de Navarra/Sur de Francia) cuya existencia se remonta a unos cuantos miles de años,los primeros pobladores íberos de la Península representaban a estos "Pueblos de las Estrellas" con los cuales estaban relacionados ,en sus fiestas,colocándose máscaras representativas ,con grandes ojos y multitid de rostros,en los ritos de paso en el equinoccio de primavera y en el solsticio de verano,sobre todo. ,pues esta ciudad intraterrena cubica el interior de los pirineos de ambos lados.
El reciente túnel de Somport que une ambos lados es parte de una operación de los Aliens Grises junto a los gobiernos de España (Aragón..) y Francia junto a las fuerzas armadas y ejércitos de la OTAN para localizar y destruir la ciudad de MARI,con resultados infructuosos porsu parte.

*Diosa de Euskalherria [pueblo Vasco],telúrica,representación de la montaña,es la "diosa" más importante de su panteón.Esta deidad corresponde a una ocupante de la nave mayor "Argos",en la cual desembarcaron los humanos de Lyra hace 2 millones de años.Un primer contingente humano (nórdicos,de raza blanca y negra) había sido establecido en nuestro planeta hace 2000 millones de años,pero tras las guerras de Lyra,(que tuvieron como zonas de combate amplias zonas de la Península Ibérica),entre humanos y reptilianos y aliados regresivos,este contingente tuvo que huir hasta la llegada del segundo.

Hablaremos con más detalle de las Guerras de Lyra en este y otros volúmenes, cabe señalar en este punto que muchos de los desiertos del sur de Andalucia y otras zonas del interior peninsular (sistema Ibérico, sobre todo) fueron despobladas por el uso de armas nucleares y phasers en estas guerras,cuya radioactividad aún puede ser cuantificada en los estratos más antiguos de exavaciones realizadas en tales zonas.

Hay ocasiones en que el propio trabajo absorve al trabajador de tal forma que lo incluye,éste es el caso de este libro.

El gran problema hoy en día es la calidad..no existen productos de calidad,y tampoco em el ámbito cultural,todo es rápidamente asimilado y deglutido,y lo hecho con autenticidad pasa del mismo modo que lo hecho por la fama simplemente,por ello es imperante que los que poseemos los mensajes seamos responsables también en la forma de su entrega,sea del formato que sea…hehe!!!.

Ahora nos encontramos inmersos en la escritura de dos libros,y aunque en principio es un punto de arranque verdaderamente esquizofrénico,no lo es absoluto,las razones se verán con el tiempo,por el camino,de momento sólo os puedo decir esto: lo que antes tendía a la fusión apra crear la obra de arte completa,por la búsqueda del mensaje,ya completado ahora se trata de diver-sificar las notas a ser administradas,los mensajes deben dirigirse de forma metódica a diferentes públicos,es de lo que se trata,no mezclar las cosas,sino crear contextos y mundos diversos,y ampliamente coherentes.

Es lo que yo llamo "Los Esclavos de la Realidad",me di cuenta que tanto había superado las barreras entre lo "real" y "lo imaginario" que ya no debía escribir libros haciendo esa diferencia,previa,qué es lo real y que no lo es,y asi estoy escribiendo este libro en el que toda la información la poseo ya,no debo recurrir a fuentes externas para verificarla,es intrínseca al propio texto,y a mi cerebro y a mi cuerpo.

Ahora estamos escribiendo este libro desde Brasil el 19/04/2016 cal greg y tal y como escribí en mi blog diario Intraterrestrial Diary ,junto a las ciudades intraterrenas y los apoyos en la superficie hacen posible el ataque más duro del NWO en los últimos años,vamos viendo lo que será este libro,cómo las alianzas políticas Gobiernos-Aliens funcionan,y cómo así ha sido desde hace miles de años, y cómo a su vez todo está relacionado con las bases subterráneas y las ciudades intraterrestres:
La clave de toda mi investigación aquí en Brasil y de todos estos años la he encontrado con la entrevista a Preston Nichols del 2014 (English) y los videos de Al Bielek en youtube sobre sus viajes en el futuro exactamente en el siglo XXIX y como se encuentra consigo mismo en ese futuro (a Preston Nichols su si-mismo le regala un cd) con lo que podemos unir por fin mis propias
investigaciones con arguelles y los mayas galacticos y los pueblos originarios(andromeda-epsylon) y los viajes en el tiempo "mentales" sin tecnologia junto a la visión experiencias y energic stream de estos monstruos de los viajes en el tiempo con la tecnología Montauk y philadelphia y es ahí donde comienza nuestro trabajo de todos estos años transportando al "ahora" para descubrir y abrir un nuevo camino que unifique incluya hacia algo completamente y absolutamente nuevo que es lo que estoy haciendo ahora.

Toda la politica de alianzas entre extreterrestres y humanos,en los 90´s el PSOE en España estableció ciertas alianzas peligrosas y dejó de establecer alianzas con algunas razas que habrían sido muy útiles a la hora de gobernar España y sin embargo se pasaron al lado del PP,,o fueron utilizadas por el PP,esto significa o amplifica un poco la base de nuestras investigaciones acerca de la naturaleza de las alianzas entre humanos y extraterrestres a nivel de alianzas politicas y de gobiernos;estos pueblos también parece que viven o que hacemos con ellos una especie de folclorismo o turismo ufológico que en realidad tienen mayor importancia y están viviendo con nosotros de una manera más cotidiana de los que nos imaginamos.y sobre todo con los gobiernos o contra los gobiernos,como ya iremos explicitando más ámpliamente.

Es muy interesante como el NWO en estas fechas 19/04/2016 cal greg ver,apercibirse cómo el NWO intenta englobar no sólo a la política como en las últimas décadas o a la sociedad,o a la economía sino incluso la percepción de las personas,como ya sabemos,los ataques que realizan además de ser sistémicos,son sistemáticos,el tema del terremoto de Ecuador en el que ha habido tantos muertos está relacionado con otro tipo de objetivos ,otro tipo,una búsqueda de otro tipo de resultados,cuando existe un cambio político esto tiene que justificarse con la "realidad",la cual es cambiable o mutable, o se pueden cambiar ciertos detalles, como ya sabéis el NWO hace esto a base de atentados, o a base del uso de HAARPS contra diversos lugares o enclaves en diversos momentos o en momentos muy específicos, en la última semana ha habido cuatro ataques de HAARPS prácticamente al unísono en Japón,en Uruguay,y ahora en Ecuador,todos han sido debidos a esta tecnología de tipo HAARP,no ha sido casualidad o que la naturaleza se haya vuelto loca al mismo tiempo,o también el volcán Popocateptel,en México ,qué casualidad que es uno de los volcanes con mayor actividad ufológica y de entrada y salida de OVNIS de todo el mundo ,en una segunda fase del ataque que ellos han querido realizar se establece intentar cambiar los medios de comunicación ,el apercibimiento de la realidad y la opinión pública.

Los terremotos producidos por las armas HAARPS la última semana en Japón con 45 muertos y hoy mismo en Ecuador con más de 400 muertos,el tornado en Uruguay la semana pasada, y la desafección de la izquierda clásica en América del Sur,la situación política extremadamente irreal de Brasil con el juicio político a la presidenta Dilma , la aparición en uno de los diarios más importantes del mundo como es "EL PAIS" en España, de la noticia de un reciente estudio sobre los dibujos de Nazca,en la costa de Perú,señalando que sólo se trata de estructuras para la recogida y almacenamiento de agua (obviando que las dimensiones,de kilómetros de longitud,y la forma de los dibujos sólo son reconocibles desde el espacio o a muchos kilómetros de altura,en helicoptero,por ejemplo), intentando eliminar la curiosidad de los investigadores de las relaciones entre las civilizaciones intraterrenas y extraterrestres y las de la superficie y consecuentemente con los gobiernos ,lo que siempre decimos,intentando justificar las cosas que son obvias ,para despistar para no unir el tema ufológico al político, y/o estos últimos ataques de las HAARPS,intentando ver todos estos hechos como aislados o casuales,y ahora viéndolos como causales y deliberados, intentando cambiar la opinión pública en contra de los que investigan sobre las relaciones entre gobiernos y extraterrestres toma cuerpo, relacionándolos todos ellos en una entramado que se denomina NWO.

Terremoto en Ecuador (19/04/2016 Cal Greg)

HAARP Tecnologías

Lineas de Nazca (Costa de Perú)

Continuando con la Peninsula Ibérica,y más concretamente con España, que fue donde nos quedamos,la ciudad intraterrestre de MARI,Pirineos.

En los años 50´s en España se comenzó la construcción del panteón del "valle de los Caísdos" y otras obras monumentales que en años posteriores darían lugar a los famosos embalses de la política hídrica franquista.pero lo que no se sabía hasta ahora fue que aprovechándose de esta circunstancia,o quién sabe si fue realment la génesis de la misma se omenzaron a definir,diseñar y horadar las principales bases sbuterráneas de España,sobre todo en los subsuelos de las más importantes ciudades se comenzaron obras con tal fin,siendo la primera de ellas la base subterránea de Madrid-II ,cohabitando con el Valle de los Caídos,en los aledaños del mismo monumento,entro de operaciones militares y estratégicos del régimen,principal búnker de Franco,en segundo lugar viene la base subterránea de La Coruña-Ferrol, una inmensa red de túneles bajo ambas ciudades que utilizaron la red de túneles de los celtas ,que habían usurpado a los atlantes y a los Lemurianos,no en vano Galicia en varias leyendas artúricas aparece como parte de la Atlántida y lo que es más bizarro todavía de Lemuria,o que esa ciudad fue construída por refugiados de Lemuria en Galicia (no olvidemos que según las teorías de los astronautas ancestrales de Von Däniken y Thor Heyerdahl el planeta estaba en constante comunicación entre civilizaciones, que egipcios principales desendientes de los atlantes viajaban a America con normalidad,o que las civilizaciones andinas realizaban el periplo cruzando el Pacífico hasta los reinos orientales habitualmente)

1.3 Comienza la politica de clones:

Con el libro "Ángeles y Demonios",y el más conocido "El Código Da Vinci" Dan Brown logró un éxito inesperado para un tema que yacía hacía mucho tiempo como un subgénero,el de la conspiración,y todavía menos la propia iglesia católica para evitando que se investigara de una manera mínimamente sería la vida y obras de Jesús,su ascendencia y linajes.

A comienzos de los años 50´s tras las investigaciones genéticas realizadas por los cieníficos nazis adscritos al régimen de Berlín y a la figura de Hitler se habían desarrollado ámpliamente gracias a los aportes de los Alien grises acerca de la naturaleza de la llave de la creación de la naturaleza ,o genes. no en vano fue un alemán Mendel,quién primero inició la curiosidad germana sobre la cuestión.

Hitler,estaba más interesado en encontrar la fuerza de su poder en objetos místicos (como la Lanza de Longinos) y otros enviando sus comandos en la búsqueda de "El Grial" o La Fuente de la Juventud",cualquier cosa que pudiera aventajarle frente a sus enemigos sajones,lo que tampoco se sabía hasta ahora es que eran los ALiens Reptilianos-Draconianos,desde Orion y los Grises acólitos los que le pidieron iniciar esas búsquedas a cambio de ayuda en asuntos genéticos y con la tecnología de control poblacional además de mostrarle las bases en la Luna y Marte y otros planetas fuera de nuestro sistema solar a las tropas nazis ("Alternativa 3").

Esta alianza con los reptilianos le impidió a Hitler contar con la ayuda de los humanos Nórdicos,aún a pesar de los evidentes guiños que el régimen hacía a la mitilogía vikinga,como "El ANillo de los Nibelungos" del compositor Richard Wagner. humanos como nosotros tanto de las Pléyades como de la originaria Lyra,los peores enemigos de los Draconianos ya que no hay que olvidar que los Nórdicos han sido los únicos que han derrotado a los reptilianos en la mítica batalla de Urmutia,en la actual Rusia,en el 850 Antes de Cristo. de las crónicas de aquella batalla nos llega el manuscrito describiendo la construcción de una base subterránea por los reptilianos: " Truenos por la noche, luces por el día..la tierra tiembla como en los días de antaño,otra vez,,las serpientes están por todas partes,volando a ras de suelo y matando a todo animal que encuentran,..los peces han huído y los ríos se han secado...,debemos luchar o moriremos" .otras crónicas cuentan del hecho que con apenas piedras y lanzas de madera lograron derrotarlos de una vez por todas".Desde entonces hemos aprendido muchas cosas ,pero hemos perdido nuestro valor.Pero no adelantaremos acontecimientos.

Más adelante entraremos en profundidad en la politica de clones,tema que será abundantemente analizado y referenciado a lo largo de este libro,baste esta mención al principio de este capítulo.

1.4 La Bases reptiliana en el desierto de Almeria-Granada :

Con el tiempo uno se va volviendo más restringido en sus planteamientos o en lo puede o no puede admitir,en mi caso creo que he seguido el camino opuesto,sin estridencias,pero estoy ahora mucho más dispuesto que antes para admitir verdades que habrían dificultado mucho mi vida,no es una confesión,de hecho es una realidad,y el resultado lo estáis leyendo en estos momentos,entre estas hojas,estas páginas se encuentra la verdad.O gran parte de ella,yo solo tengo una parte del puzzle,una pieza ,eso sí,hasta ahora encubierta por toneladas y milenios de coacción,sangre,silencio impuesto y miedo,mucho miedo,ir quitando estas capas para mostraroslo que han ído tapando es en lo que consiste este trabajo,espero que haya logrado al menos llamar vuestra atención,con eso ya me daría por más que satisfecho.

Anunciarse en un periódico como ayudante de laboratorio en algún laboratorio de alguna de las principales industrias farmacéuticas podría ser un buen método para desentrañar secretos a la naturaleza,conocer las pociones,las composicones,el cuerpo de la materia,pero,conoceríamos la realidad de la materia? o sería éste el mejor método para alcanzar nuestros objetivos? Pues eso es lo que nos están forzando a hacer los gobiernos con estos temas, a investigar de forma desordenada,errática o incluso absurda,en vez de allanar o ir allanando los caminos que desembocan irremediablemente en la verdad,ello requiere de coraje,agallas y mucha mucha suerte,si

tenéis estas características podéis continuar hasta el final,e incluso también vosotros podréis investigar, en vuestra casa,en vuestro medio,este es sólo un ejmplo,y simplemente os bastará con leer estas palabras para entrar en la siguiente fase.
Cuando fui creciendo ,en mi infancia,íbamos a menudo durante los tórridos veranos de Valencia a Granada,o de Granada a Valencia, en nuestro Simca naranja,una especie de cafetera con ruedas que se recalentaba de tal manera que aquello era un ejercicio de sauna turca al llegar a Murcia,generalmente parábamos en Calasparra,o Jumilla,pero antes cruzábamos una región muy poco conocida,la parte de Granada lindando con las provincias de Almeria y Murcia,una zona de cientos de kilómetros desértica,deshabitada y misteriosa.Mi fascinación por aquellos lugares siempre me hizo preguntarme por el origen de auqellas montañas peladas de vegetación,y siempre giraba la cabeza pues creía que eran gigantes acostados o dormidos,y por aqui y por alla iba definiendo perfiles,espadas,caballos,ejércitos,en aquel momento no sabía lo cerca que estaba de la verdad,pero esos pensamientos me los guardaba en conspiración,o quizás esperando el tiempo para divulgarlos,el silencio de aquellas tierras me fascinaba.Y una extraña inquietud me cruzaba la mente cada vez que las pasábamos,a qué era debido?.
Ahora,con la edad,o las experiencias puedo poner en orden tales pensamientos que con 8 años me sumergían en dudas y preguntas aún más peligrosas,elucubraciones dirían otros y otras.

Cuando las tropas de Franco llegaron a Madrid hacia mucho que se había perdido la guerra,o al menos eso pensaba,lo que no imaginaba es que para muchos esa guerra todavía no ha terminado,entre los que me incluyo,pero no vamos a hablar de ese tema de momento,sino a establecer el vínculo entre los datos,y cómo sino podríamos hacerlo sin información,sin conocimientos?.Allá va una rosca:

Cuando,como íbamos diciendo, las tropas de Franco condujeron al régimen a una posición ventajosa militarmente ya hacía muchos miles de años que en el desierto de Granada-Almeria otra guerra había ocurrido,entre tropas humanas nórdicas y reptilianas,incluidas la naves y las armas que usaban.El hecho de que AHORA hayamos descubierto la energía nuclear en nuestro mundo,no quita que fuese descubierta hace mucho antes en otros sistemas o por otras especies,como así ha ocurrido desde hace miles de millones de años,una de estas razas provenientes de la constelación Delphinus,muy cerca de la estrella Suolacin,habían colaborado con nosotros los humanos en esta guerra nuclear prehistórica según nuestros cómputos de tiempo,aunque podría verificarse que datò hace 2 o 3 millones de años ,si se estudian los estratos de estas rocas en este desierto calcinado,bien saben por la acción de bomba de succión o Phasers.que arrasaron la superficie,principal objetivo de los reptilianos,/al mismo tiempo los humanos junto a los "DElphinus" bombardearon con armas nucleares las base reptiliana que habían construído en la zona los de Orion junto a los ayudantes,los Aliens Grises.
Estos "delphinarius" aparecieron retratados en la película "Independence Day" y aunque actuaron como invasores,son aliados nuestros hace muchos millones de años,contra las hordas reptilianas.Al mismo tiempo descendieron otra raza de Grises,pero de polaridad opuesta a los ayudantes de los reptilianos,siempre visten una especie de uniforme o "chandal" muy ajustado,bien conocidos por los ejércitos y gobiernos de EEUU y Rusia,ésta raza a la que llamaré "los niños de Rosswell" tenían y tienen un poder descomunal,de percepción y de empatía,sobre más de 1500 especies de todo el universo que los respetan,e incluso veneran por sus capacidades de interlocutores,diplomáticas y sus tecnologías de defensa anti-draconianas.Serían así como los maestros"Jedai" en esta

conflagración constante y despiadada que tenía como telón de fondo nuestro desierto de Almeria hace 2 millones de años,otras zonas donde también ocurrieron batallas similares fueron Mojengo-Daro en la India o la ciudad de Çatal-Huyük en Turquia,donde también los niveles de radioactividad son notables,sobre todo al acercarnos a los estratos de roca datados entre 3 y 5 millones de años.Qué eso es muy temprano para la vida humana en nuestro planeta ?.Aqui debemos pararnos y señalar que incluso los términos de la vida biológica,o la edad de nuestro sol o de nuestro planeta van mucho más atrás en el tiempo de los os podéis imaginar,o la propia edad del universo,olvidaos de lo que nos ha dicho la CIENCIA OFICIAL,o académica,son notables sus mentiras para proteger a los Aliens grises y repts en sus estrategias de engaño.Esconder o tapar pruebas ha sido una constante en sus trayectorias,pero ahora no estamos en éso.Venimos de una historia falseada que provoca consecuencias inesperadas,

Pues eso,entonces tras la batalla de Granada los humanos ,los "niños de Roswell" y los "delfinarios" tuvieron que irse de nuestro planeta,y los reptilianos,vencedores en aquella ocasión pudieron construir la mayor base subterránea del Sur de Europa,en la cual llevan habitando desde entonces.Y Franco lo sabía,se lo habían dicho los Grises,así que cuando se acercaron a la zona para pactar con los reptilianos,éstos fueron bien recibidos,es lo que se conoce como el "Tratado de Almeria",estamos en el año 1959. Los ejércitos de tierra,zapadores y los técnicos ayudados por las maquinarias de los Grises excavaron día y noche en la zona ,una base militar permanente hispano-americana, como parte del la ayuda del "Plan Marshal"aledaña a la ancestral reptiliana,digamos para unir fuerzas,y allí realizar gran parte de los experimentos genéticos y militares sobre la población del sur de la Península Ibérica y del Norte de àfrica.EN otro libro hablamos ya de la base reptiliano-militar de Regane en Argelia,un imnenso cubil-carcel donde se experimenta actualmente con humanos del sur del Sahara y Centro de Àfrica,pero ya hablaremos de ello más adelante porque está muy relacionado con nuestra historia.

La historia se repite,y cuando el ministro Fraga se sumergió en las aguas del mediterráneo en Almeria para verificar que las bombas nucleares caídas desde un avión de EEU en maniobras no eran peligrosas,estaba intentando quitar de enmedio el espinoso asunto de la base reptiliano-EEUU-Gris-Española que es desde donde salió el avión, asi que no fue a Almeria para hacer turismo precisamente,había mucho en juego,todos los planes para el futuro de los Grises y el gobierno de Franco de la donación de tecnologías de todo tipo imposibles para la mentalidad del españolito medio y que ayudarían a controlar a la población española adecuadamente y a mantener constante el apoyo de los Grises,más que el dinero de Fort Knox,ése era el objetivo de Fraga,y por eso no podían permitir que se destapara el pastel antes de hora,ni nunca ; asi que alli se fue el señor Manuel Fraga Iribarne a hacer lo que hiciera falta.y más todavía. Éste es un primer apunte para dejaros con la miel en los labios un poco,más adelante hablaremos de Fraga cuando saquemos la Transición al trapo y los correspondientes pactos que fueron hechos también con los Grises Y todos los partidos políticos del momento,incluido el partido comunista y también Carrillo,que hizo su pacto personal con los grises para conseguir ventajosas plazas para él y su familia junto a los "dioses".

Desierto de Granada-Almeria

Imágenes ,en la actualidad, del desierto de Granada-Almeria

El "Tratado de Greada"

1.5. El "Tratado de Almeria" (1959):

CAPITULO RECESO : Revelation Doom´s day =" Minimo de Seguridad Intergaláctica (M.S.I.)" :

Antes de continuar me gustaria hacer una pausa y entregaros algun de las cosas que he ido descubriendo durante mi investigación,seguro que os encanta,:

#Hoy cylon 200 de la Era Insekto-Epsylon (17 18 h mec 13 03 cal greg) del sektor de la celebración en la semana de la paciencia cylon iv° es el DIA DE LA REVELACIÓN-REVELATION DOOM´S DAY:conseguimos el Minimo de Seguridad Intergaláctica (M.S.I.) o Intergalactic Security Minimum (I.S.M.)

Asi debemos crear los siguientes sincronarios (siguiendo la matriz maya 13:20) en sentido retroactivo comenzando el cylon 186 (1 de Marzo 2015 al greg) O SEA CUANDO CADA UN@ COMIENCE,EJEMPLO CUANDO PUBLICAMOS ESTE BLOG ES(C85-28AVO CYLON DEL 1ER SEKTOR DE LA DIRECCIÓN-4A SEMANA INSEKTO DE LA REVOLUCION,4° AÑO INSEKTO O ÁREA,MOSKITO ARTISTICO 20/4/2016 CALENDARIO GREGORIANO) :
-Sincronario de los Enanos de Durin: 1er dia de la Luna Nueva de Durin :la Ciudad de Érebor,2° dia Thorin…./3-bilbo bolson/4-gandalf/5-smaug/6-frodo/7-Aragorn/8-rey humano/9-rey elfo/10-amigo de frodo/11- el ser que busca el anillo constantemente/12-el anillo de poder/13-la pidera blanca de los enanos/14-revolucionario de la ciudad de las barcas/15-lanzador de la flecha negra/16-aguilas gigantes/17-amigo enano de Thorin (barba blanca)/18-elfo arquero/19-caballo blanco de Gandalf/20-El palo-varita de Gandalf/21-la espada de aragorn/22-el castillo de los Elfos/23-el ejercito de los muertos/24-la mariposa profética de gandalf/25-el barco de trasnporte a la ciudad fluvial/26-espada de thorin/27-espada de Bilbo bólson./28-la reina de los elfos/29-la casa de bilbo bolson/30-la esposa del bilbo bolson/31-la esposa de thorin/32-los regalos de navidad y los reyes magos de todos los personajes de la tierra media…huahuahau!!!/los sueños de bilbo/la promesa de gandalf/la mirada fija de aragorn antes de la batalla en el abismo de helm/los vestidos de la reina elfica/el palacio de los magos blancos./Saruman/Radagast

-cylon 187 sincronario de los unicornios: dia 1-Unicornio de Plata/2-unicornio de las aguas dulces/3-unicornio de las marismas/4-unicornio de las fuentes sueves/5-unicornio de fuego(batalla)/6-unicornio de las montañas/7-unicornio del fondo oceánico/8-unicornio de los desiertos/9-unicornio de las fronteras exteriores extragláacticas/10-unicornio de las esferas etéricas/11-unicornio de las ciudades del 343/12-unicornio de las selvas tropicales./13-unicornio de las estepas/14-unicornio de las cárcavas interiores./15-unicornio de las simas abisales./16-unicornio de los acantilados de Dover/17-unicornio de ávalon/18-unicornio de Lemuria/19-unicornio de Dover/20-unicornio delpais vasco/21-unicornio de las praderas del centro de eeuu/22-unicornio de la estepa rusa/23-unicornio de Turquia/24-unicornio de brasil/25-unicornio de afganistan/26-unicornio de vietnam./27-unicornio de los elfos./28-unicornio de tibet/29-unicornio de sierra nevada/30-unicornio del atlas marroqui/31-unicornio de la casa de los reyes magos y papa noel/32-unicornio de las tierras altas de la tierra media/33-unicornio de las tierras bajas de la tierra media/34-unicornio de las tierras altas de los valles ocultos/35-unicornio de las tierras medias de la tierra media/
-cylon 188 sincronario de los Elfos: dia 1-Elfos de los bosques/2-Elfos de las rocas/3-Elfos de las hondonadas de carpe-diem(pais de nunca-jamás)/4-Elfos de Posid/5-Elfos de las costas de Brasil/6-Elfos rusos/7-Elfos de la Selva negra/8-Elfos ibéricos/9-elfos gauchos/10-Elfos Nórdicos/11-Elfos de Erks/12-Elfos de Telos/13-Elfos de Shamballah/14.Elfos de la Patagonia/15-Elfos de Mexico/16-elfos de las tierras altas del eufrates-irak/17-Elfos de los Andes/18-Elfos de Marte/19-Elfos de Urano/20-elfos de la luna./21-elfo de venus/22-elfo de la tierra media/23-elfos de turquia/24-elfos de armenia/25-elfos de sudafrica./26-elfo de granada/27-elfo de india/28-elfo de nepal/29-elfo de marianas/30-elfos de papa noel y los reyes magos/31-elfos de los cuentos de gorg/elfos de la isla de Hy-Brasil/32-elfos de las islas salomón/33-elfos de la isla de man/34-elfos de la isla de sandy(desaparecida)
-Cylon 189 sincronario de las libélulas: dia 1-ala izquierda superior de la libélula-dia 2 antena superior derecha/3-ala derecha superior/4-antena superior izquierda/5-ala izquierda inferior/6-ala derecha inferior/7-ala secundaria izquierda superior/8-ala izquierda secundaria inferior/9-ala derecha secundaria superior/10-ala derecha secundaria inferior./11-abdomen superior primero/12-abdomen superior secundario/13-abdomen inferior primario/14-abdomen inferior secundario./15-antena superior derecha inferior/16-antena superior izquierda inferior./17-antena inferior superior derecha/18-antena inferior superior izquierda./19-pata inferior izquierda primera/20-pata inferior izquierda segunda./21-pata superior derecha primera/22-pata superior izquierda segunda/23-pata inferior derecha primera/24-pata superior izquierda segunda./25-pata inferior derecha primera/26-pata inferior izquierda segunda/27-pata intermedia derecha/28-pata intermedia izquierda/29-polvo de las antenas superiores/30-polvo de las antenas inferiores/31-polvo de las patas anteriores/32-polvo de los ojos/33-polvo de las patas posteriores/34-polvo de la cabeza/35-polvo de la cola
-Cylon 190 Sincronario de las Flores-dia 1 copo de leche…/2-azucena/3-margarita/4-tulipán/5-rosa/6-jazmin/7-amapola/8-magnolia/9-orquidea/10-lirio/11-rosa blanca/12-rosa azul/13-rosa roja/14-lila/15-flor del cerezo/16-flor de azahar/17-flor de ajenjo/18-dama de noche/19-gardenia/20-flor del eucalipto/21-flor del almendro/22-flor de la azalea/23-clavel/24-tulipán verde./25-flor gigante del amazonas/26-flor carnivora/27-flor del alhelí/28-flor de la canela/29-flor del manzano/30-flor del peral/31-flor del granado/32-flor de la alcachofa/33-flor de la alabaza/34-flor de la petúnia.
-Cylon 191 Sincronario de las Aguas-dia 1 aguas del cristal oscuro/2-aguas concentradas/3-aguas regurgitadas de los cañones del destino/4-aguas fluyentes/5-aguas magnetizadas/6-aguas hermanas/7-aguas gemelas/8-aguas fraternales/9-aguas

indigenas/10-aguas hermanas de Iguazu/11-aguas del niagara/12-aguas de las cuencas del Amazonas/13-aguas de las cuencas del Orinoco./14-aguas reconcentrdas del tamesis-londres/15-aguas del tajo/16-aguas del turia/17-aguas del genil(Granada))/18-aguas del guadalquivir/19-aguas del Nilo/20-aguas del amazonas./21-aguas de la cuenda del guadalhorce/22-aguas del gangesh/23-aguas del rio amarillo/24-aguas del rio azul/25-aguas del congo/26-aguas del rio blanco/27-aguas del rio tinto/28-aguas del rio de las aguas hirvientes/29-aguas del rio de la sal roja/30-aguas del rio de la cal negra/ -Cylon 192 Sincronario de las Colonias Humanas-dia 1 –Marte/2-epsylon eridani/3-andromeda/4-alfa centauri 4/5-Luna/6-Lyra/7-Altair 1/8-Arturo/9-Pleyades/10-Orion/11-sirio A/12-Antares/13-Estación intermedia AA/14-Altair 3-4/15-ganimedes/16-luna/17-Urano/18-Saturno/19-barnard/20-Kuiper./21-universo de tiempo reverso/22-universo de anti-materia/23-universo cuarto/24-universo quinto/25-los desconocidos su casa natal/26-zeta reticulis/27-aldebarán/28-sirio b/ 29-planetas federados de la confederacion de andromeda/30-cisne/31-vega/32-
-cylon 193 sincronario de los seres animados invisibles-dia 1 dia del ser alado multiforme/2-seres de las aguas/3-seres de las piedras preciosas/4-seres de las goteras/5-seres escondidos/6-seres perplejos/7-seres amistosos-fraternales/8-seres de los suspiros de amor/9-seres del amor más incrible jamas contado/10-SERES OCULTOS EN LOS BOSQUES DE MERLIN/11-seres ocultos de las leyendas arturianas/12-seres ocultos de los libros antiguos/13-seres animados de las peliculas de Mickey/14-seres del jardin proximo al centro reparador de la galaxia epsylon/15-seres de la mente del unico/16-seres de las respuesta concreta/17-seres de la belleza infinita del universo/18-seres de la lonja de valencia/19-seres de Loja-Granada./20-seres de huetor tajar/21-seres animados de las pruebas lunares/22-seres de rosweel/23-seres "bichos"./24-seres animados entre los dedos de los pies/25-seres de los cuentos imaginados/25-seres de los cuentos de miles de millones de años/26-seres de las leyendas arturicas/27-seres de los sueños de patricia/28-seres imaginados del cosmos transportado/29-seres de los espacios intermedios/30-seres de la sonrisa eterna.
-cylon 194 sincronario de las cuevas-dia 1 cuevas de san jose de los ausentes (RS)/2cubas de san jose en sagunto/3cuevas en riogrodo Loja Granada/4 cuevas en Xavia-España/5-cuevas en denia/6-cuevas en el Montgó (Xàvia)/7-cuevas del contorno de las costas gauchas/8-cuevas del interior de Granada(Alhama)/9-Cueva tayos(Ecuador)/10Cueva bajo kilimanjaro,Kenia/11-cuevas del fondo de los cenotes de chiapas/12-cueva de Loja 9no los infiernos de loja)/13-cueva del destino arabia/14-cueva del sector desertico I de arrakis./15-cueva de la logistica del unico(lugar indeterminado)/16-cueva de la luz primordial/17-cueva de las pulsaciones ritmicas del amor/18-cueva de los sueños preciosos del nuevo y viejo mundo./19-cueba de los raciocinos compulsados./20-cueva de los resistentes/21-cueva de salar/22-cueva de huetor tajar/23-cueva de altair donde se encontró el manuscrito/24-cueva 1/25-cueva a/26-cueva b/27-cueva c/28-cueva c/29-cueva redonda/
-cylon 195 sincronario de la luz-dia 1-la luz de las luces etericas/2-Luz del sistema de pleyades/3-Luz de los de Epsylon/4-Luz de los acantilados de la Atlántida/5-Luz del triángulo de las bermudas/6-Luz de los poetas ebrios del norte/7-Luz de las personas serenas./8-Luz de los angeles cándidos./9-Luz de los seres escondidos/10-luz de las hadas lumínicas./11-Luz del amor correspondido./12-Luz de los seres despiertos/13-LUZ DE LOS SERES DISPUESTOS HORIZONTALEMENTE SOBRE EL HORIZONTE DEL AMANECER./luz de las respuestas concretas del unico./15-luz de las personas conscientes/16-luz de las sonrisas compartidas/17-luz de las horas muertas"./18-luz de los seres prometidos./19-luz de los seres absolutamente comprometidos/20-luz de los seres inmunes/21-luz de los seres increibles/22-luz de las

ideas eternas./23-luz de la ronquera permitida/24-luz de las personas liberadas/25-luz de la revolucion constante/26-luz de la verdad/27-luz de la alegria infinita/28-luz de la felicidad eterna/

-cylon 196 sincronario de las Gárgolas-dia 1 =Leptilon/2-Suma Gárgola sacerdotisa/3-gargola de Notre-dame comandante/4-Gárgola de la Lonja de Valencia./5-Gargola de Londres/6-Gargola de RS-Brasil/7Gargola de Mexico/8-Gargola de Japon/9-gargola de filipinas/10-gargola de japon/11-gargola de Tailandia/12-gárgola de India./13-gargola de budapest/14-gargola de tibet/15-gárgola de la ribera del júcar/16-gárgola de Granada/17-gárgola de la Lonja de Valencia/18-gárgola de Loja-Granada./190gárgola de las marismas/191-gargola de siberia/192-gárgola de francia/93-gargola de australia/23-gargola del carcamo/24-gargola propia/25-gargola roja/26-gargola negra/27-gargola blanca/28-gargola verde

-cylon 197 sincronario de las ballenas-dia 1 –la ballena abuela franca de los mares del sur/2-La ballena madre de Yukon Alaska/3-la ballena parda del Indico/4-Ballena de los mares del sur/5-Ballena del Observatori de Valencia./6- ballena de las islas canarias/7-ballena del Ártico/8-ballena del pacífico/9 ballena del mediterráneo/10-ballena del mar negro/11-ballena de la antartida/12-ballena madre de Seatle-eeuu/13-ballena de siberia/14-ballena de korea/15-ballena de España./16-ballena de gibraltar/finlandia17-ballena de /18-ballena de dinamarca/19-ballena de suecia/20-ballena de mallorca/21-ballena pelada/22-ballena negra/23-ballena blanca/24-ballena oscruras/25-ballena verde

-cylon 198 sincronario de los piratas-dia 1 –capitán jack sparrow /2-Pirata español comandante de las tropas piratas globales/3-pirata john el largo/4.Pirata Chino/5-pirata birmano./6-pirata malayo/7-pirata Hindú/8-pirata nepalí/9-pirata gaucho/10-pirata granadino./11-pirata lojeño/12-pirata madrileño/13-pirata mexicano/14-pirata inglés./15-pirata de bangladesh/16-pirata de nueva guinea/17-pirata de everest/18-pirata de isla de pascua./19-pirata de antartida/20-pirata blanco/21-pirata negro/22-pirata azul/23-pirata amarillo/24-pirata rojo

-cylon 199 sincronario de los defensores de epsylon-dia 1-epsylon eridani/2-centro reparador de la galaxia epsylon/3-Andromeda/4-barnard/5-Kuiper/6-Arturo/7-estrella errante de los espacios intermedios de Aldebarán./8-estrella enana roja de Pleyades/9-enana roja de arturo/10-enana roja de grifindor/11-enana roja de antares/12-enana roja de tau ceti/13-enana roja de Epsylon eridani./14-enana roja de sirio a/15-enena roja sirio b/16-enana roja de ganimedes/17-enana roja de jupiter/18-enana roja de saturno/19-defensores/20-del universo/21-conocido/22-y desconocido/23-y por conocer.

-cylon 200 sincronario de las cartas del tarot-dia 1-el dragón-mago./dia 2 el viento/Papisa/dia 3 la Emperatriz/noche/dia 4 Emperador-semilla/dia 5 El Papa-serpiente/dia 5 los enamorados/enlazador./dia 6 los enamorados mano/dia 7 el carro estrella./dia 8 la justicia /luna roja/dia 9 el ermitaño/perro blanco/dia 10/la rueda de la fortuna-mono azul/dia 11 la fuerza humano amarillo./dia 12 el ahorcado caminante del cielo rojo/dia 13 la muerte mago blanco/dia 14 la templanza aguila azul/dia 15 el diablo guerrero amarillo/dia 16 la torre tierra roja/dia 17 la estrella espejo blanco/dia 18 la luna/dia 19 el sol/dia 20 el juicio/dia 21el mundo

-cylon 201 sincronario de las tribus:dia1-guaranies/2-Sioux/3Terena/4-arapahoe/5-apache/6-tomahawk/7-yanomami/8-kayapó/9-banshi/10-mayas/11-pueblo./12-terena/13-chinekawa…/14-charrua/15-quechuas/16-anasazi/17-chinewuak/18-tribus ocultas al lado del rio/tribus elegidas/tribus perpetuas/tribuas señaladas.

-cylon 202 sincronario de las estrellas candentes : dia 1-Epsylon Eridani/dia2 estrella de Barnard/3-Estrella del cinturon de Kuiper/4-Estrella enana roja de Barnard/5-Estrella de Belén (asteroide flamígero)/6-estrella cadente del esperma de los seres galácticos flamígeros./7-estrella candente de los espacios interiores de sirio a/8-estrella candente de cerca del ecuador galactico 1/9-estrella andente de los espacios interiores encendidos de Altair/10-estrella candente de los espaios intermedios de sirio a/11-estrella candente de los espacios entre Jupiter y saturno./12-estrella candente entre los espacios de kuiper y barnard./13 estrella candente de sirio b/14-estrella candente de Procyon/15-estrella candente de l universo reverso de tiempo/16-estrella candente del universo de anti-materia/17-estrella candente de los espacios interiores de jupiter imaginario/18-estrellas candentes "asterias"/19-estrellas candentes a/estrellas candentes b/20-estrellas candentes c/21-estrellas candentes d/estrellas candentes e/estrellas candentes f/estrellas candentes g/estrellas candentes h

-cylon 203 sincronario de los rayos solares: dia 1 rayo solar entre las hojas de la guayaba/dia 2 rayo solar entre las hojas del nisperal…/dia 3 rayo solar entre las hojas de los bosques de merlin/dia 4 rayo solar entre los ojos del Angel Miguel/dia 5 rayo solar entre las hojas de mi jardín./dia 6 rayo solar del patio delante de mi casa…hehe!!!./dia 7 rayo solar del pasillo yendo a la cocina de mi casa/dia 8 rayo solar de la pila de lavar de cerca del jardin de mi casa./dia 9 rayo solar de la explosión remanente de la conjuncion cuantica sobre dos vasos de agua en mi mesa de la cocina./dia 10 dia delr ayo solar sobre mi cabeza en el hospicio/dia 11 dia del rayo solar ubicado en la cabeza de la cama/dia 12 del rayo solar cubicado entre el jardin y el patio trasero derecho./dia 13 rayo solar de la cocina/dia 14 dia del rayo solar del hospicio entre el ordenador y el techo/dia 15 rayo solar de mi ordenador/dia 16 rayo solar de mi cama./dia 17 rayo solar de mi jardin limpio/rayo de los vecinos de al lado de casa/rayo de los seres extraños/rayo de los seres ocultos/rayo de los seres permanentes/rayo de los que se rinden

-cylon 204 sincronario de los gusanos: dia 1 dia de Shai-Hulud/dia 2 dia de muadib…/3-dia de dune/4-Dia de la casa Atreides./5-dia de los Fremen./6-dia del desierto norte de arrakis./7-cofradia de los gusanos de arrakis/8-dia de las operaciones de guerra de Paul muadib/9-dia de la conquista de arrakis por Muadib/10-dia de los gusanos insurrectos de todo el universo/11-dia de las batallas de los fremen por el control de arrakis/12-dia de las batllas de las tropas de Paul muadib para controlar el universo./13-dia de la bomba nuclear de arrakis/14-dia de la especia/15-dia de la silla del emperador/16-dia de shai hulaud-paul/17- dia de los gusanos impregnados de la especia profética/18-gusanos unidos/jamas/seran vencidos/gusanos perpetuos/gusanos unicos/gusanos queridos/gusanos decididos

-cylon 205 sincronario de las comidas: dia 1 comida del mediterraneo/dia 2 comida de Rio Grande do Sul/Dia 3 comida japonesa…/4-comida mexicana/5-comida tailandesa/6-comida sur-coreana/7-comida malaya…hehe!!!./8-comida árabe/9-comida caribeña-colombiana /10-comida peruana/11-comida antartica/12-comida sudafricana/13-comida tibetana/14-comida malgache/15-comida nepalí/16-comida africana ife/17-comida sureña de texas/18-comida liofilizada de las colonias humanas/comida unica/comida repartida/comida regulada/comida perfeta/comida unica

-Cylon 206 sincronario de los dinosaurios: dia 1 t-Rex/…/brontosaurio/diplodocus…/patosaurio/triceratops/halosaurio/dinosaurio tipo pajaro terrestre carnívoro/dinosaurio tipo alado gigante plsiosaurio/dinosaurio gigante no-diplodocus./rata diplodocus/dinosaurio de garras de sable/dinosaurio de megalodon/dinosaurio de tiburon gigante/troceratops-diplodocus mix/dinosauiro 1/dinosaurio 2/dinosaurio 3/dinosaurio 4/dinosaurio 5/dinosauiro 6

-cylon 207 sincronario de al-andalus-dia 1 Granada/dia 2 Kurtuba/dia 3 madina ibn lawasa-Loja/dia 4 hutajares (huetor tajar\)./dia 5 villanueva de mesia./dia 6 salares/dia 7 el hacho/dia 8 la fábrica/dia 9 almeria/dia 10 jaen/dia 11 cordoba/almeriA/CUENCA/VALENCIA/XATIVA/MURCIA/CATALUÑA/albacete/santander/lugo/…

-cylon 208 sincronario de las sombras al mediodia- dia 1 la sombra de la verja lateral/2 sombra del tejado oblicuo./3-sombra de la verja trasera derecha/4-sombra de la verja trasera izquierda./5-sombra de la verja delantera derecha./6-sombra de l techo delantera/7-sombra de la verja anunciadora/8-sombra del castiollo de las sombras/9sombra del ariete que destruye el castillo de las sombras./10 sombra de los seres del castillo de las sombras/sombras alfa/beta/gamma/epsylon/unicas/sombras amigas/ sombras premeditadas/sombras efervesentes/

-cylon 209 sincronario de las aguas turbulentas-dia 1 las aguas de las cataratas de iguazu/dia 2 las aguas del guaiba desatadas./dia 3 las aguas del turia desatadas/dia 4/dia 5.dia de las aguas del guadalquivir desatadas./dia del guadiana desatadas/del guadalhorce desatadas/aguas del llobregat desatadas/aguas del canal de isabel ii desatadas/aguas delrio de mallorca desatadas/aguas del rio del nervion desatadas/ganges desatadas/guaiba destadas/amazonas destetadas/orinico desatadas/nilo desatadas/sena desatadas/po desatadas/rin desatadas/…

-cylon 210 sincronario de los ratones: dia 1 dia del raton del estudio de escritura/dia 2 dia del raton de la cocina….hehe!!!./dia de los ratones insurgentes./dia de los ratones de la sala de estar./dia de los ratones del dormitorio./dia del raton bajo la olla de barro y el clzoncillo sucio y el trigo./dia d elos ratones curiosos/dia de los ratones caprichosos/dia de los ratones de campo/dia de los ratones lluviosos/ratones masacrados/ratones que se casan/ratones que ganan premios/ratones blancos/ratones negros/ratones azules/…/ratones grises/ratones marrones/ratones morados

-cylon 212 sincronario de los maestros ascendidos-dia 1 del avatar winston churchill/dia 2 d Patton/3montogomery/4-eisenhower…/5-Sun Tsu/6-Alejandro Magno/7-napoleon/

-cylon 213 sincronario de los avatares-dia 1 saint germain/dia 2 kuthumi…./dia 3 arguelles/dia 4 roerich/dia 5 paco de lucia/dia 6 camaron/dia 7 gandhi/dia 8 j r jimenez/alberti/lorca/machado/julio césar/cicieron/arquimedes/pitagoras

Los mayas viendo lo que estaba ocurriendo decidieron salvaguardar toda su mentalidad poética en sendos sincronarios para preservar su memoria,la de tales momentos.Es un diario de los momentos más importantes de la vida de una persona o sociedad en forma temporal o de sincronarios…hehe!!!.Por eso tenían más de 20 sincronarios al mismo tiempo…hehe!!!

-cylon 214 sincronario de los felinos/reina-gata de arturo/rey gato de antares/rey gato de alcione/rey gato de barnard/la dinastia de los felinos reyes egipcios/la dinastia de los felinos-humanos de sirio/la dinastia engendradora de los cuentos sobre los gatos telepáticos regentes del universo/la dinastia de los caballeros felinos/la dinastia de los ejercitos felinos/la dinastia de los felinos en pie de guerra

-cylon 215 sincronario de los caballos/LA REINA DE LOS CABALLOS-HYPNAPESIA/el caballo de guerra del caballero rescatador/el caballo de guerra de los hunos/la guarida de los caballos guerreros/los caballos de la guardia anti-babilónica/los caballos resultantes de la mezcla con humanos/DIA DE LOS EJERCITOS DE CABALLOS DE LA RESISTENCIA/DIA DE LOS EJERCITOS DE LOS SERES MONTADOS SOBRE LOS ABALLOS MAGICOS AHORA SIEMPRE HACIA LA LIBERTAD INFINITA/DIA DE LOS SERES QUE CABALGAN JUNTO A LOS ABALLOS Y LE SIMPRIMEN LA FUERZA NECESARIA PARA CRUZAR LA ÚLTIMA META….HEHE!!!!>

-cylon 216 sincronario de los caninos (lupus-perros…hehe!!!)/maya reina de los seres caninos del universo/el rey de los seres caninos del universo/el ayudante de los maestros-lobos/el rey de los lobos guarnecidos/el lobo maestro fundamental/DIA DE

LOS LOBOS ALIADOS DE LOS EPSYLONANIANOS/DIA DE LOS LOBOS EN EJERCITO HACI AL LIBERACION DEL UNIVERSO DE LOS HUMANOS Y DEL RESTO DE RAZAS DEL COSMOS/DIA SUPREMO DE LOS LOBOS ALIADOS DE LA RESISTENCIA…HEHE!!!.

-cylon 217 sincronario de los seres mitológicos./quimera/centauro/minotauro/lamprea/silfide/reguladora del universo/enano/ESFINGE/DRAGON/EL MOSNTRUO DE BEOWULF

-cylon 218 sincronario de los lugares mágicos (de todo el cosmos).: La plataforma de gizeh donde se agrupan los camellos de los reyes magos y paPA NOEL PARA DAR POSTERIORMENTE LOS REGALOS A ALOS NIÑOS (Y NO TAN NIÑOS) DE TODO EL MUNDO E UNIVERSOS AÑADIDOS./dia 2 lugar de las favelas de brasil donde se constaryen los sueños del futuro del planeta tierra/DIA DE LOS RINCONES EN QUE ES EL TODO LUGAR /DIA DE LOS LUGARES DE LAS POSIBILIDADES INFINITAS/DIA DE LOS SERES INTENSAMENTE Y SUPREMOS LLENOS DE AMOR POR EL TODO Y VICTORIOSOS.

-cylon 219 sincronario de los árboles…dia 1 dia del nisperal mítico/dia 2 dia del roble de millones de años testigo de todo./dia 3 dia del nogal que cambió el mundo./DIA DEL ARBOL MAGICO DEL JARDIN DEMERLIN QUE CAMBIO EL UNIVERSO POR COMPLETO/DIA DEL ARBOL TRASCENDENTAL Y SUPREMO QUE IRRADIA LA INTELIGENCI A TODOS LOS RINCONES DE TODO EL UNIVERSO/DIA DEL ARBOL CONSCIENTE DE SU PROPIO PODER…HEHE!!!

-cylon 220 sincronario de los hongos..dia 1 dia del psilocybe cazado/dia 2 dia de los hongos siberianos/dia 3 dia de los hongos estrafalarios./dia 4 de los hongos repartidos entre las tribus/DIA DE LOS HONGOS DEL FONDO DEL COSMOS/DIA DE LOS HONGOS ANCESTRALES DEL UNOIVERSO/DIA DE LOS HONGOS INTELIGENCIAS SUPREMAS DE L UNIVERSO X-ZETA

-cylon 221 sincronario de las mariposas…dia 1 dia de las mariposas de las almas de los guerreros/dia 2 dia de las mariposas brillantes/dia 3 dia de las mariposas maravillosas/dia 4 dia de las mariposas extraordinarias./DIA DE LAS MARIPOSAS CONSCIENTES/DIA DE LAS MARIPOSAS SINTIENTES/DIA DE LAS MARIPOSAS ENGALANADAS

-cylon 222 sincronario de los escarabajos..diA 1 DIA DE LOS HIJOS DE d.dURITO/dia 2 dia de los amigos de d durito/dia 3 dia de los testigos de los cuentos de don durito/dia 4 dia de las vacaciones de d durito/ dia 5 de los seres sintientes junto a d durito (benéficos)/DIA 5 DIA DE LOS ESARABAJOS DE LA ABEJA MAYA/DIA DE LOS ESCARABAJOS DE CHIAPAS/DIA DE LOS ESCARABAJOS ANONIMOUS

-cylon 223 sincronario de las águilas..DIA 1 DIA DEL REMONTE DEL VUELO DEL MATRIMONIO DE LAS ÁGUILAS./dia 2 dia en que las aguilas vuelan juntas/dia 3 dia en que deciden llegar más lejos/dia 4 de las agulias volando a ras de suelo/dia 5 dia en que lo logran vestidas de carmin/dia 6 dia en que se pretenden parte de un plan de lograr tirar a los grises de en medio/dia 7 dia en que las aguilas se vuelven predominantes

-cylon 224 sincronario de los guerreros caidos (y resucitados por el M.S.I.)…DIA 1 DIA DEL SAURI MAYA GALÁCTICO.

-CYLON 224 SINCRONARIO DE LOS OCÉANOS…DIA 1 DEL ATLÁNTICO SUR Y SUS BASES GALÁCTICAS.

-CYLON 225,SINCRONARIO DE LA LUZ..DIA 1LA LUZ ABRAZ Y LA LUZ PROTEGE/DIA 2 DIA DE LA LUZ INTERNA

-CYLON 226,SINCRONARIO DE FRANKESTEIN…DIA 1 DIA DE LA
RESURECCION DE FRANKESTEIN.
-CYLON 227 SINCRONARIO DE LOS EPISODIOS GEOMÉTRICOS..DIA 1 DIA
DEL LIBRO.
-CYLON 228 SINCRONARIO DE LOS LIBROS MÁGICOS-SAGRADOS..DIA 1
DIA DEL EPTYMION/DIA DOS DIA DEL EXCOCOSMOBIOLOGIA…/dia 3
ENCHIRIDYON/
-Cylon 229 sincronario de los robots orgánicos gigantes.:dia 1 Robot Hyundai viamao-
estalagem/
-Cylon 230 sincronario de las Petunias.
-cylon 231-sincronario de las orquideas.

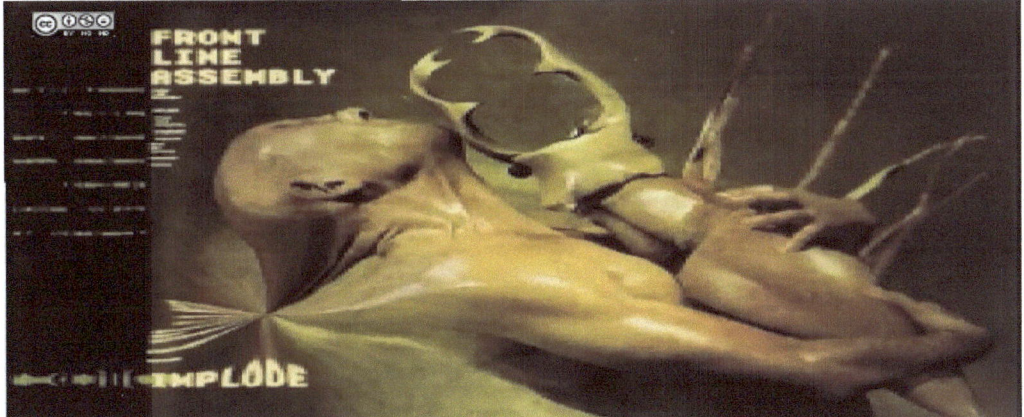

   # FRONTLINE ASSEMBLY

MINIMO DE SEGURIDAD INTERGALÁCTICA [AUDIO]

XENOMIND BLOGS

XENOMIND BLOGS

Pero continuamos...
1.5. El "Tratado de Almeria" :

   1.5.1. Una alianza espúrea :

En marzo de 1954,casi como celebrando el aniversario de "Roswell"(1947), 7 años más
tarde,se reunieron ambas embajadas,Eisenhower y una representación de los Alien
Grises en el desierto de Nevada,en la base más conocida como "Área 51"(también
existe un mítico "Almacen 18",éste enclavado en Nueva York,muy cerca del pueblo de
Montauk,recuerden estos nombres,porque iremos volviendo sobre ellos mientras se va
desentrañando la trama .
Como el Tratado del Pardo, las condiciones se iniciaron entre los Aliens Grises y el
régimen de franco, pero en esta ocasión había unas cuantas cláusulas en las que se

ampliaron los actores y los epsisodios de la "serie",se añadieron a los Aliens Grises los sempiternos Reptilianos-Draconianos de la ancestral base subterránea,que llamaremos a partir de ahora "Draco-1",y las fuerzas de la OTAN,en este caso protagonizadas por los EEUU,como protagonistas exclusivos,al no haber firmado Franco ningún convenio militar ,obviamente,con el Tratado del Atlántico Norte.Es decir,que nos encontramos por un lado a Franco y Eisenhower,y por el otro a los Alien grises y "Draco-1",pero con que finalidad?.

Si recordamos aquella zona había sido la protagonista de una épica batalla entre Nórdicos humanos,los "Delfinarius" , los "Jedai-Niños de Roswell" contra los Reptilianos, hacía unos 2 millones de años,asi que Franco tenía razones personales por sus afrentas con Hitler,a los que asimilaba en su ignorancia con los germanos,para aliarse con "Draco-1",y los americanos otro tanto en su estrategia de implementar una base al sur del mediterráneo y las "sugerencias" ,digámoslo así,de los Alien Grises. Pero había otras razones no tan superficiales,porque según los informes de los americanos allí yacía un arma,un arma ancestral que los Nórdicos en su huida en las naves dejaron enterrada en la zona,y los reptilianos querían encontrarla a todo costa.Un arma que podría romper el equilibrio entre ellos y los nórdicos no solo en el ahora o en nuestro planeta,sino en todo el universo,en todo el espacio-tiempo,La encontraron?.Los reptilianos llevaban 1 millón de años buscándola,pero ahora con el aporte de los Grises y sus tecnologías de transporte en el tiempo pensaban que podrían recuperarla y usarla a su favor,ésa era su ambiciosa tarea.Y Eisenhower y Franco eran sólo piezas en este rompecabezas sideral,pero como siempre decimos ya hablaremos en su tiempo de esta arma,a la que llamaremos de momento como"El Trueno de Odín".Recordemos que los alemanes estaban fuera de la ecuación,aparentemente…

1.6 Seguimos con la politica de clones :

Los Mayas,extraterrestres,junto con la raza Auriguiana comenzaron la colonización pacífica de la Tierra como parte de una agenda mucho más importante y cósmica.,ni que decir tiene a decir que estamos en un frente José Argüelles-Tiempo Maya frente al NWO y sus tácticas de engaño,en este caso en España ,obviamente no vamos a hablar de la serie de Televisión española "El Ministerio del Tiempo".(hehe!!!)

Los Auriguianos,famosos por esos craneos en forma de cono, que han determinado las deformaciones craneales desde Perú,pasando por Egipto,hasta la península del Yucatán,donde ayudaron a fundar junto a los Mayas una fastuosa civilización,la única regida por la matriz del tiempo ,o tzolkin maya 13:20,la matriz de permutación armónica,es la que rige en todo el cosmos,mientras qie el 12:60 imperante hoy en día,es un matriz o parate de un plan de las inteligencias artificiales extraterrestres ,parte de un plan mayor de conquista,usando las tecnologías de apropiación,no sólo en tercera dimensión,sino en todas las demás,y junto con ellos han sido los únicos en hacer frente por medio no-tecnológicos, a las tecnologías reptilianao-Grises a través del tiempo,o del concepto del tiempo ,que es lo mismo,o la mente.Mente y tiempo son equivalentes.
Los Auriguianos confiaron en los medios que poseían para vencer a las maquinarias o magia negra de los Grises y reptilianos,y asi construyeron el calendario maya y otros registros sincrónicos.
Cuando llegaron a España ,o mejor dicho y regresaron a la Península Ibérica junto con los Nórdicos humanos hace 150000 años intentaron introducir esta matriz de tiempo 13:20 en algunas culturas, para en un "futuro",expandir ese conocimiento-semilla en el

momento oportuno para vencer definitivamente a los Reptilianos y los Alien grises.Con este fin,y sabiendo que los Aliens Grises eran maestros en el manejo ,tecnológicamente hablando, de las líneas de tiempo, idearon un plan.

Como sabemos Franco tenía ya dos Tratados con los Grises y Reptilianos y a la sazón ya incluía en sus filas todo tipo de recursos tecnológicos, y quería superar a los alemanes entodo,y en ello los Aliens Grises le ayudaron,en el manejo poblacional usando la genética,con este fin usaron a los prisioneros comunistas y republicanos de las campos de concentración,repartidos por toda España tras la Guerra Civil,como conejillos de indias, y comenzaron los experimentos de clonación,logrando los primeros resultados a mediados de los años 50.Los Grises servían a la causa principal reptiliana de conquista y Franco se avino muy bien a las filosofías de ambas razas,conquista y obediencia formaron parte integrante de su régimen durante todo su férreo mandato. Pero Franco no sabía que los experimentos íban más allá de la simple colaboración, o contraprestación,y tenían objetivos mucho más ambiciosos.

Franco comenzó a construir bases subterráneas en cada ciudad importante de españa,discretamente,para realizar estos experimentos genéticos.Al dictador le pareció bien pues con ello podría incluso superar en estos temas a los megalomaníacos planes de su anterior y defenestrado competidor,Hitler .También y bajo el manto de su plan de embalses comenzó la construcción de grandes bases militares subterráneas conjuntas Grises-militares franquistas en el interior de España,en las zonas más aisladas. Pronto aparecieron los primeros resultados ;éste fue el inicio de la politica de clones.

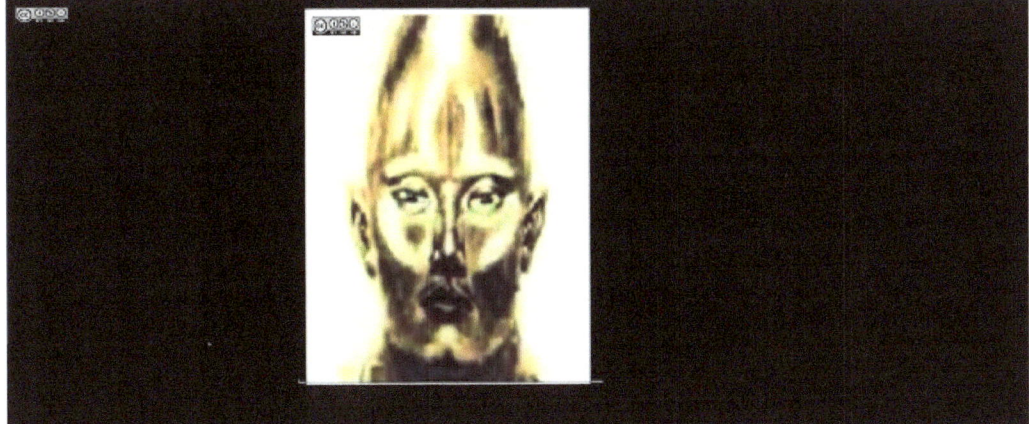

Auriguianos (o Capellianos)

Simplemente con desear una cosa,ésta no se nos cumple, pero las acciones que delimitaron los auriguianos en España desde aquellos años habrían de marcar buena parte de la historia de las bases subterráneas en españa en los siglos XX y XXI. Ante los descubrimientos en la economía y política de los clones,Franco reafirmó sus posiciones,y mantuvo como hemos dicho un esquema único durante todo su mandato,hasta su muerte.

El papel de la Iglesia Católica, reptilianamente dicho fue muy fuerte,y lo decimos asi,"reptilianamente",con la aparición del Opus-Dei se intentaba salvar los trapos ante el los cambios provocados por los jesuitas,balanceo de poder,peristencia en la memoria,nada cambia,las familias reptilianas que crearon ,o mejor dicho los linajes reptilianos desde el Imperio Romano,[familias patricias] pasando por Vlad Dracul hasta la casta de los banqueros alemanes de mediados del siglo XX y las "familias" vaticanas,eran las mismas,misma sangre,mismos nombres.Pero no nos detendremos en ello,ya muy conocido por el trabajo de David Icke y otros.

Nosotros,yo mismo,somos escritores de bases subterráneas,sí,como un género en sí mismo,si lo preferís.Más adelante quedará muy claro qué estoy diciendo,y porqué lo digo ahora y en este momento.Pero sigamos con la base "Draco-1" de disposición SE en la Península Ibérica,y la construcción de las otras bases subterráneas urbanas en España,es un momento muy importante y de gran importancia,así que no podemos pasar a otra cosa sin más,requiere su dedicación,su tiempo,su paciencia.

Al mismo tiempo de este desarrollo de la industria de la construcción ,tanto subterránea como de embalses se refiere,los Grises ya habían conseguido clones humanos adultos con un periodo de crecimiento en apenas 4 o 5 meses;y esto era muy grave desde la perspectiva de la guerra cósmica que ya antes mencionamos,porque si los Grises lograbn desarrollar libremente su economia y politica de clones en la mayoria de los paises desarrollados, (ya estaban haciéndolo hacía años en Alemania,desde 1931,en Francia desde 1942,en Inglaterra desde 1939,en EEUU desde 1954,como ya sabemos,en URSS desde 1940,etc...) en pocas décadas su plan de esclavizar a la raza humana cumpliría ámpliamente sus objetivos,y encima sin ser apercibidos por el maistream de la población local terrestre,español,en este caso.

Debían darse prisa,así que los auriguianos comenzaron a establecer o mejor dicho sembrar por medio de tecnologías telepáticas ideas de libertad,emancipación,revolución en todo el mundo occidental,floreciendo a mediados de los 60´s.

Era la única forma de parar un poco la maquinaria de los grises,y casi lograron derrotarla por completo,digo casi,porque no fue asi,sólo lograron ganar tiempo,

Cuando hablo de tecnologías telepáticas no estamos hablando de que se ponían a pensar para introducir unas ideas en ciertos cerebros privilegiados,decimos que iniciaron una auténtica estrategia ,introdujeron a muchos de los suyos entre nosotros,a través de transferencia de consciencia (walk-íns) e incluso lograron o indujeron a la unión genética de muchos de sus congéneres para que nacieran físicamente aqui en la Tierra,en ello fueron ayudados por los Mayas ,los "niños de Roswell",y los "Delfinianos",los nórdicos eligieron otra agenda original y diferente que ya delimitaremos.

La Revolución sexual iniciada en los 60-70´s no fue casual,entonces,ni las ideas de emancipación de la raza humana,pero ellos siguiendo las reglas de la Unión Galáctica no pueden intervenir,solamente inducir.También veremos los flecos de la inducción y la "no-intervención" porque ambas leyes,afortunadamente para nosotros,los humanos,son laxas,muy ligeras en su cumplimiento.

Ganamos tiempo,un tiempo precioso,pero regresemos a mediados de los años 50´s y la proliferación de esos seres humanos sin alma,o clones humanos , que estaban empezando a salir de las fábricas de clones o bases subterráneas (donde tenían sus laboratorios,sus tanques de flotación los Grises), y caminar por las ciudades españolas"pioneras" como Cuenca,Tarragona,Barcelona,Madrid,Valencia,Zaragoza"y de momento no vamos a decir más.

"Delfinianos" (Constelación Delphinus,cerca de Suolacin)

"Los Niños de Roswell" (Constelación Solipsi Rai A).

1.7 "Les Revenants du Cel" :

"O los aparecidos del cielo"

A las oligarquías nunca le han gustado los medios de expresión,aunque solo sean ligeramente,que puedean oler a libertad,y por supuesto la época de

Franco fue una de esas épocas,tremenda represión y sobre todo una vuelta de tuerca más en las toneladas de coacción que ya la Inquisición hubiera empleado siglos atrás,el efecto o efetos son acumulativos en la psique de una población,en este caso,la española.

Franco aprendió a reprimir,y lo hizo sistemáticamente,metódicamente diríamos,ahí residió sus 40 años de régimen,lo que no se dice o no se sabe es la ayuda y aporte de los Colectivo Bávaro-Gris en ese "método"y en las tecnologías usadas,que pasaban invisibles para la mayoría de la población en aquel momento,incluso ahora,porque no miran debajo,debajo del suelo,en las bases subterráneas, totalmente militares,y extraterrestres que pueblan la geografía de España.Muchos me dicen que es arriesgado ir diciendo esto por ahí,pero es mi hipotesis,mi tesis,la progenie de mi propia experiencia vital,y el resultado de mis investigaciones,no se puede ser más claro,ni más honesto,éste libro no le debe a nadie,y sin embargo aporta muchos datos,que estoy seguro que serán verificables con el tiempo y los descubrimientos que aparecerán aquí y allá.No en vano casi me dejo la piel al investigar sobre estos temas y conseguir esta información ,tanto en el interior de las cárceles españolas,como ahora en el exilio.

Pero sigamos en la base "Draco-1" y el Conglomerado Bávaro-Gris que se encontraba alojado en la misma base,las operaciones fueron aumentando exponencialmente,las desapariciones de personas y ganado también,y las abducciones fueron pasando a formar parte del plato habitual de los periódicos de España y buena parte del norte de África.

Es bueno que nos detengamos un poco en el caso del Norte de África y concretamente en Marruecos,y Argelia.

Marruecos formaba parte de las colonias de Francia,y al conseguir la independencia la jurisdicción sobre todos los temas pasó de forma natural a las autoridades marroquíes,pero no todos los temas fueron delegados imparcialmente.Buena parte de los documentos de la marina francesa y la aeronáutica,sobre todo,acerca de avistamientos de OVNIS y abducciones en el protectorado no fueron delegadas a Marruecos.De ello hablaremos más adelante,baste decir que en estos momentos,a mediados de los años 50´s,la actividad y la frecuencia de tales actividades por parte del Colectivo Bávaro-Gris aumentaron en gran medida,y que fue en la zona del sur de España,Portugal,Italia y norte de África donde más se dejo sentir su presencia.

Muchos investigadores comenzaron,al principio sigilosamente,después de manera pública y dejar sentir sus quejas acerca de tales hechos a las autoridades de sus respectivos paises,sin mucho éxito,en general.

El Conglomerado Bávaro-Gris usando las instalaciones de los Reptilianos ancestrales de "Draco-1" fueron desplazando sus actividades al alentejo portugués y al Algarve,al sur del Sahara,y prácticamente a todo el Mediterráneo Sur.

En tales casos se encontraron con otras razas,y otras agendas que les impidieron,por lo menos en un primer término la concreción de sus objetivos.Me refiero o me referiré a los regresivos de Sirio-B y a otras razas aliadas con ellos,que a la larga pasarían a formar parte del propio "Eje" Reptiliano-Gris-Bávaro.Ello nos podría dar material para llenar una enciclopedia entera,pero sólo nos fijaremos en los incidentes ,aéreos,y "pseudo-diplomáticos" que estamos rememorando en estas páginas,unos hechos que irían a marcar el futuro de la historia de todos estos paises ,de la propia Europa y de todo el planeta.

Al mismo tiempo ,los Aghartianos o Intraterrestres ,otro actor en litigio,aparecen en escena,trastocándo los planes del Imperio Alien y añadiendo una componente nueva,la bilocación espacio-temporal.[En colaboración con los Maya,afortunadamente]

Desde el fondo de los abismos de Las Alpujarras,debajo de uno de los sistemas montañosos más intrincados del planeta,la ciudad de "Agharta-3",vamos a llamarla asi,surgía en todo su esplendor ,muy cerca,y no por casualidad de la anterior "Draco-1",bien conocida por todos nosotros.La existencia de esta ciudad o conjunto de ciudades intraterrenas,se extendía desde las proximidadades de la provincia de Málaga hasta las cercanías del desierto de Almeria,cientos de kilómetros subterráneos de galerías y sub-ciudades,exhuberantes y espectaculares que llenaron las páginas de cientos de escritores de todas las épocas.desde Washington Irving,con sus "Leyendas de la Alhambra",y menciones a la ciudad en "Las 1001 Noches".Es la propia ciudad,o su existencia ,la que provocó el asesinato de Federico García Lorca y la brutal represión por parte de las tropas de Franco, Mussolini, y moras en la zona de Granada,y eso lo veremos claramente debido a la infiltración del componente Bávaro-Gris en la posterior política del régimen.

Esto habría de cambiar el equilibrio de fuerzas para siempre entre las dos partes de la contienda,y el escenario estaba siendo España a mediados del S.XX.

Pronto los hechos se sucederían como los hongos tras un día de lluvia.

\# Vista de la ciudad de Granada,en primer término el conjunto
arquitéctonico de
La Alhambra,al fondo SIerra Nevada.

\# Sierra Nevada,y presidiendo el impresionante macizo,el Mulhacén,la
montaña más alta de la Península Ibérica.
La ciudad Intraterrestre más grande de Europa se encuentra bajo sus
pies,"Agartha-3".

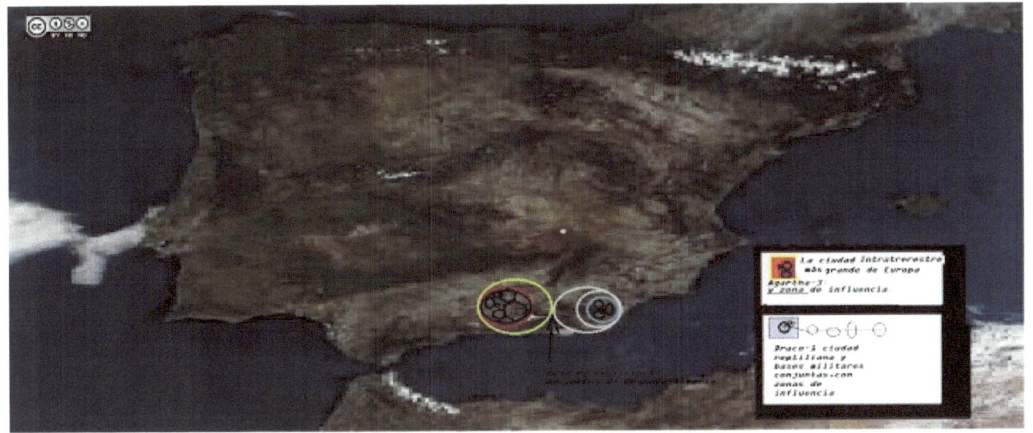

1.7.1 "La Gota, el Vaso, y el Colmo" :

Somos muy agradecidos a muchas personas de buena voluntad y sin ellos y ellas jamás podríamos haber podido escribir ni una sola letra,es a ellos que dedico este libro.Sobre todo a aquellos que ellos saben porqué,cuando y cómo.

Cuando los dos bandos llegaban a encontrarse la energía alrededor aumentaba sobremanera.

Así,en estos momentos en las Universidades españolas se estaba produciendo un movimiento ascendente de las ideas conductistas teniendo su eclosión un poco antes del año 1962,año en el que se establecieron las primeras bases militares conjuntas EEUU-URSS-Nazis-Aliens Grises en Marte [ver Alternativa-3].

Todo esto tendrá una importancia crucial cuando hablemos de la política de clones en los años 80´s ,los proyectos Montauk-Philadelphia,y del autor norteamericano Val Valerian,buen conocedor de la realidad española,respecto al tema de los clonesy su activación per se como una continuación de la política conjunta de los Aliens Grises con Franco desde sus búnkers en la bases subterráneas.

1.8 "No quieres saber?" :

1.8.1 : "El Ministerio del Tiempo" trabaja para los Aliens Grises y el NWO" ;

Durante la redacción de este libro ocurrieron una serie de fenómenos inexplicables que debemos detallar, y éso aún a riesgo de parecer que rompemos el hilo cronológico conductor del libro que   hemos seguido hasta este punto,creo que es necesario sin parecer ilógicos o retroactivos en la sucesión de los hechos.
Como siempre que dos personas se reúnen suele haber un pequeño saludo tras el cual se centran en lo que realmente les trajo a la reunión,así ha ocurrido con este libro y ya hemos hecho los saludos de rigor,así que podemos desplegar el propio libro sin más ambajes:

EXiste una serie llamada "El Ministerio del Tiempo" que apareció el 24/02/2016 ,su primer capítulo,y que narra una serie de peripecias de unos viajeros inter-temporales en la Historia de España,al parecer la idea se les ocurrió al leer mi libro "Los Niños Perdidos" que narra esta sucesión de eventos de personajes históricos (como Napoleón,Alejandro MAgno..) que se ven todos reunidos en la Al-Andalus del Califato de Córdoba.Ello no pasaría de ser un comentario sin importancia,y según vayan pasando los acontecimientos iremos viendo,pues ahí no está la clave del asunto,sino en la publicación de un blog llamado "EL Ministerio del Tiempo trabaja para los Alien Grises y el NWO" (http://xenomind3.blogspot.com/2016/04/el-ministerio-del-tiempo-serie-tve.html)
 donde publico el episodio numero 17 de la serie donde aparecen los tres personajes principales saliendo de un portal espacio-temporal y realizando una

divertida charla en la que el tema principal fue la reunión del Club Bildberger en Sitges en 2010,sin declarar abiertamente o criticar siquiera veladamente al NWO o al citado Club ,"(..) llevan 60 años reuniéndose para ARREGLAR los problemas del mundo y porqué no dejan de reunirse?" pasando a otro tema sin más.Esta charla podría no tener más importancia sino fuera el lugar,el momento y todo lo que ya sabemos y os he ido explicando en este libro.Lo cual no deja de ser espeluznante,y si resulta que mi teoría coinide con la realidad de una manera que yo en estos momentos aún no puedo concebir?. Resulta que al publicar citado artículo en el blog,el director de la serie,cuyo nombre no merece repetir escribió en su twitter sobre mi "lo que le falta es una pastilla" " se ha debido tomar el tratamiento completo",y demás lindezas por el estilo,no sólo él sino muchos amigos y amigas de él.A ver si es que resulta que me plagiaron el libro!...Pues el tema es que en esa reunión se realizó una operación de desenmascaramiento por la cual más de 250 fotos de cada uno de los invitados al festín fueron cayendo en las redes sociales,y qué cómo ocurrió eso?.Agentes anti-sistema no es pañoles bien entrenados.muchos años de entrenamiento y un poco de suerte,aquello fue la puntilla para acabar con el NWO,más tarde ocurrió lo que ya conocemos de ANonymous y #15M (nada que ver con los de "Podemos").
Al mismo tiempo en ese mismo episodio un hospital en EEUU un enfermo por los efectos de la radiación del túnel de teletransportación espacio temporal como decían que tenían Duncan Cameron,Al Bielek y Preston Nichols,de los cuales ya hablaremos cuando nos centremos en el proyecto Montauk en 1983,enlazado por el espacio-tiempo a través de un bucle con el experimento Philadelphia en 1943 ,40 años atrás.Y posiblemente hablarán de los pasillos laterales artificiales y los Aliens regresivos de Sirio-B,creadores de los mismos.Pero ya nos centraremos en estos detalles más adelante.Esto es bastante para vuestros apetitos ,por el momento-momentum.

Seguidamente vamos a hablar de la política de clones y sus repercusiones en el ámbito medático,y en los sustratos más podridos de la "inteligentsia" del régimen de Franco,nos encontramos ya en los años 60´s y no se vislumbra en el horizonte ningún tipo de fin a la dictadura;cierta recuperación económica anima a la sociedad española y es en ese clima que surgen también las primeras voces "disonantes" o contestatarias,rápidamente silenciadas,pero "haberlas haylas"(como las meigas),y es en ellas donde nos centraremos.

Seguidamente vamos a hablar de la política de clones y sus repercusiones en el ámbito medático,y en los sustratos más podridos de la "inteligentsia" del régimen de Franco,nos encontramos ya en los años 60´s y no se vislumbra en el horizonte ningún tipo de fin a la dictadura;cierta recuperación económica anima a la sociedad española y es en ese clima que surgen también las primeras voces "disonantes" o contestatarias,rápidamente silenciadas,pero "haberlas haylas"(como las meigas),y es en ellas donde nos centraremos.

Seguidamente vamos a hablar de la política de clones y sus repercusiones en el ámbito medático,y en los sustratos más podridos de la "inteligentsia" del régimen de Franco,nos encontramos ya en los años 60´s y no se vislumbra en el horizonte ningún tipo de fin a la dictadura;cierta recuperación económica anima a la sociedad española y es en ese clima que surgen también las primeras voces "disonantes" o contestatarias,rápidamente silenciadas,pero "haberlas haylas"(como las meigas),y es en ellas donde nos centraremos.

1.8.2 "Las Escuelas del Saber (L.D.S.) " :

"Donde las dan ,las toman",eso parece una singular experiencia común en la mentalidad española,y en su propia historia,partícipe de ambas realidades,la mental,y la histórica.No hay "artifex" más promisorio en el horizonte cultural de entonces, aún en círculos muy restringidos se respiraba una cierta esperanza,o un devenir que asemejaba nuevos vientos,asi se reproducía en los cafés ,en las tertulias de salón y en las principales capitales del mundo occidental,Washington,Nueva York,Paris,Londres irradiaban un nuevo tiempo,Moscú también,pero sin ir más lejos, es allí donde nos detendremos un poco.En plena Guerra Fría y con los destinos de todos pendiendo de un hilo,la crisis de los misiles cubanos nos trajo épocas más restrictivas y más apocalípticas,un sin vivir de espera,todo bien pactado,una jugada de alto nivel en realidad,de los propios Aliens grises junto a los regresivos de Sirio-B,clones aparte ya estaban las trubinas funcionando y no había que llamar la atención,no todavía,sobre las primeras bases conjuntas en la Luna y Marte por parte de la NSA,la URSS con Politburó al pleno,Inglaterra y Francia ,uniéndose a los 30000 nazis que se fueron a vivir en 1942 a su famosa base lunar "Alpha" con los Grises,operaciones conjuntas?.

Un clima ciertamente proclive a nuevos descubrimientos, y nuevas transformaciones radicales.
De hecho alli,en ese momento comenzó todo,o al menos comenzaron unas agendas y unas operaciones por parte del NWO cuyo climax estamos asistiendo en estos momentos en las primeras décadas del siglo XXI.Tales operaciones,ya que nos estamos enfocando sobre todo en España tienen por finalidad colocar los fundamentos para las operaciones futuras mucho más ambiciosas para el NWO.
Fue en 1962 cuando se comenzó a construir la base subterránea "Madrid III" conjunta con los Grises,militares españoles y agentes de la NSA colaborando,y la "Ciudad" subterránea ,también militar bajo las ciudades de Barcelona-Terrasa-Badalona,en colaboración con los Grises y las razas regeresivas de Sirio-B,fundamentalmente basada en la experimentación con genes humanos en pos de lograr clones orgánicos humanos más desarrollados y la hibridación humana-gris tan deseada por estos últimos.Sobre todo trabajbn en conseguir el super-soldado,o un soldado inmune a enfermedades,al fuego enemigo y las estrátegias armas biológicas,químicas y bacteriológicas,;éstos últimos eran los deseos de las fuerzas armadas,sobre todo.Ésta segunda ciudad tomó el nombre de "Badalona IV" aunque los

números,códigos o símbolos claves no aparecen se la denominaba la ciudad
"Durmiente" o la "Eterna durmiente",pues su función sería sustituir la base de
Madrid,si había problemas entre los actores que vivían en ella y había que
clausurarla,no fue asi en ambos casos y la ciudad subterránea catalana
continúa en nuestros días en pleno ritmo como factoría de creación de clones.
La clausura de la base subterránea de "MAdrid III" se debió a otros factores
aún mucho más inquietantes,propiciando la construcción de las siguientes
ciudades o bases subterráneas,en "trama-colmena" ,más pequeñas pero mejor
situadas y comunicadas unas con otras,fueron de 7 a 9 ciudades ,cuyo número
varía por diversos motivos e incidencias tanto internacionales como
própiamente españoles,esto se fue produciendo entre los años 70´s y los 80´s.

1.9 "Las Aguas del Tiempo y del Destino" :

El diputado socialista José Luis Ábalos ,el 5 de Abril del 2016 sacó una
ponencia ante el Congreso de los Diputados [Link video youtube :
https://www.youtube.com/watch?v=ocpyqAtoMyU] acerca del robo de niños
durante el franquismo: Entre 1940 y 1990 ,más de 300000 niños fueron
robados y vendidos (y no solo durante el franquismo), y ello tiene que ver con
la realidad de las desapariciones de niños,y personas en España durante ese
mismo periodo.

Este libro, el tema que trata y la noticia anterior son como
el destino y el tiempo,y el lector,vosotros.sois el agua que los une.
El Proyecto Montauk y su relación con España,nadie en España habla de
esto,y yo creo que no existe información en España,o no llega información a
España.
Una de las cosas más interesantes cuando llegué a América , o a Brasil por
ejemplo, es que hay una cantidad de libros censurados o autocensurados por
las editoriales españolas que aquí en Brasil,sobre todo acerca de ritos
masónicos,o de judíos o de la Cábala,y cosas así que hay aquí, y que en
españa pues no llega ese tipo de información me imagino que por la presión
de la Iglesia Católica y del Opus Dei, y de todo esto,no?.
Eso me llamó la atención como esa censura en muy sutil en España,aunque
hay editoriales muy buenas y aparentemente muy liberales y muy abiertas
como Planeta, y otras y tal,pero en realidad son bastante estrictas a la hora de
los temas que se tienen que tratar o cómo se tienen que tratar.Lo que quiero
decir con esto es que en España el control mental de la población es muy
exhaustivo,porque es un país con tremendas diferencias entre las personas
,somos muy anarquistas,muy anárquicos,y eso produce que las instituciones
del Estado ,de los gobiernos, del gobierno intenten o hayan hche desde hace
500 años,de hecho hayan conseguido un control efectivo mental y
social,no?.Esto cómo se realiza? Pues, a través de la Inquisición,torturas
físicas directas, a través de diversas generaciones se ha ído perpetuando esa

"tortura" y eso se ha transformado al final en una auto-censura muy agresiva por parte de la mayoría de los españoles que no se atreven a hablar de muchos temas, nisiquiera a introducirse en ciertos temas ,por ejemplo sobre el esoterismo profundo,o la magia,o el chamanismo ,no?,porque son temas tabú en España,no son tabú porque sean prohibidos estrictamente,sino porque simplemente no hay información,no hay libros sobre esos temas,y una de las cosas que más me llamó la atención fue que al llegar a Brasil fue la cantidad de información que allí no llega en España,eso se lo digo a los españoles y se lo digo a la cara,para que se les caiga la cara de vergüenza ,eso que sois tan desarrollados y tan intelectualmente superiores,pues bajaos del burro porque es lo contrario,España es sino el país más controlado del mundo ,control mental exhaustivo de la población, es uno de los más, unido a esto, a este lucha histórica por el control mental y por la felicidad interna de los españoles,pues llegaron las tecnologías nuevas que trajeron los Aliens Grises ,y llegó el proyecto Montauk a España,cuando Franco hizo el primer pacto con los Grises allá en la primavera de 1942 ("Tratado del Pardo" 23/3/1942) para tener a la población española bien controladita y tener clonados a todos pues una de las cosas que también ellos introdujeron una serie de tecnologías para controlar a la población a través de implantar chips,vacunas y todo este tipo de cosas que tanto le gustaba al tio Paco,no?.Luego se modernizaron las cosas a través del tiempo ,y ya en el año 1962 después de muchos intentos de pacto por parte de la NSA,ya que hubo una especie de firma o pre-tratado a tres en 1948,entre la NSA,Franco y los Aliens Grises,pero en 1962 se firmó legalmente, tras todo el tema del "Plan Marshall" y demás ayudas,claro con una permuta a cambio.Palomares aparte ,una precuela de las "False Flags" de nuestra época,nos estaban vendiendo la moto,aquí no pasa nada,y alli se estab experimentando de todo,en el interior de la base "Draco-1"y la submarina "Draco II-III" en los aledaños de la costa de Almería, por parte de los militares españoles y sus aliados,la NSA y los Aliens Grises.Curiosamente aprovechando el impass de espera entre las elecciones del 20D(2015) y las de 2016 (26J) declararon las autoridades de Almería y Murcia que se habían retirado las bombas y que se había descontaminado la zona,y esos días cayeron unas extrañas esferas negras de 45 cms de diametro del cielo,y algunos dijeron que eran producto de desecho de aviones experimentales,la Guardia Civil no permitió acercarse a nadie y fueron retiradas parsimniosa y diplomáticamente.Tampoco es casual que la mayoría de los españoles se hayan retirado del interior,prácticamente despoblado y estén viviendo en las zonas costeras,o en las grandes capitales,pero todas las partes despobladas de Guadalajara,partes de Castilla La Mancha,Castilla y León,Aragón…todas estas zonas están habitadas en su subsuelo en estas bases subterráneas construídas durante la época de Franco,alejadas de las zonas más densamente pobladas para que no se vea lo que se hace allí,clonación humana,ingeniería reversa,etc…pero también existen bases subterráneas debajo de cada capital importante de España,subterráneas en las ciudades.

Cuando comenzó el Proyecto Montauk,en el año 1983,se abrió una brecha en el espacio-tiempo tan fuerte que se creó un bucle temporal permanente que conectó con el Experimento Philadelphia 40 años antes,el año 1942,y esto onectó con otra ventana espacio-temporal que se había abierto en la Atlántida y en Lemuria y con otra ventana espacio-temporal en el triángulo de las Bermudas, y con otra ventana espacio-temporal en Marte,y con otra ventana espacio-temporal en las galaxias pertenecientes a la civilización de los Aliens Grises,destruídas por ese hecho , or la apertura del agujero espacio-temporal en Montauk.Felipe Gonzalez hizo un pacto con los Alien Grises ya en Suresnnes ,hablaron con él los illuminatti-reptilianos,los regresivos de Sirio-B y los Aliens Grises (1979),para ayudarle a llegar a presidir el gobierno de España,luego en el año 1984 cuando se produjo el Proyecto Montauk,enseguida vinieron a España para seguir con su política de Pactos y ver si Felipe González también quería como había sucedido durante los sucesivos gobiernos de Franco.Felipe quiso y firmaron esta vez un acuerdo tripartito con Alemania,Italia y españa para construir bases subterráneas en esos tres paises,lo cual facilitó la entrada de España en la Unión Europea,y en fechas posteriores (10-20 años) construir los aceleradores de partículas ,tanto el del CERN con financiación de estos tres paises como aceleradores de particulares "nacionales" en cada uno de estos tres paises.

Las Tecnologías Montauk que están relacionadas con las tecnologías de control mental,con MK-Ultra,que ya conocemos y tanta gente habla por youtube,pero lo que no sabe nadie en España es que eso es una tecnología super-desarrollada en españa y desconocida en España,la Tecnología Montauk,es decir toda la tecnología de borrado de memoria,de clonaje humano,de implantación de chips intraepidérmicos,de viajes en el tiempo,etc…Y a la vez es desconocido su uso, es decir es desconocido que existe y no llega este tipo de información a España,yo me he enterado de todo esto aquí en América,hay un autor, que en Esdpaña es completamente desconocido, no sé si salvador Freixedo habla de él,creo que no,bueno,pues se trata de un amigo y co-ayudante de Alex Collier, Val Valerian, en una serie de libros llamados "Matrix" por el año 1991,al cual también se le han hecho una serie de entrevistas [LINK] aparece una mención a España ,y porqué visitó a España en el año 1998,durante el Gobierno de Aznar y él pudo comprobar lo desarrollado de esta tecnología que para el caso de España él denominó "Psi-Tek Organization" (Tecnología Psíquica-electrónica o Psiónica) y nosotros podemos llamarla "Tecnología de control mental Psíquica-Electrónica o Psiónica Gubernamental o del Gobierno"(T.C.M.P.E.G.) [VIDEO YOUTUBE LINK VAL VALERIAN "SPAIN PSI-TEK ORGANIZATION" LINK MINUTOS MECANICOS 00:00-00:37]

,y este autor señala que España es el país más controlado a través de estas tecnologías ,y dirigidas a través de una filosofía o un tipo de "Escuela Conductista",es decir el conductismo en España,que enseñan en las

Universidades ,en pocas palabars,el conductismo pretende decir que bajo ciertos estímulos (tanto positivos como negativos) pues cualquier ser humano puede ser controlado con el uso adecuado de los mismos,sólo tenéis que ller a Paulov.Eso,lo unieron a las tecnologías Montauk , ala "Psi-Tek",a la tecnología Psiónica, de los gadgets,de toda los aparatejos que salieron del proyecto Montauk en 1984 y lo unieron con las instituciones que están adheridas al gobierno español,que como sabemos llevan clonando españoles desde hace 70 años,y los llevan controlando a través de torturas y de otros mecanismos de control social y mental desde hace 500 años con la inquisición (ya en Al-Andalus se crearon clones biológicos a través de la tecnología de raíz judía de los "golum").

Todo ello se hizo más sutil, se hizo más invisible.como inexistente y ya con la llegada de Aznar fue la llegada absoluta del control mental colectivo y de clonaje humano,es deir,prácticamente toda la población española ha sido clonada alguna vez en su vida,para controlar las mentes de los españoles a través de los clones y de la tecnología de transferencia de conciencia en la fase R.E.M. del sueño,como ya sabemos.

Eso unido a la cantidad de bases subterráneas que hay en España ,por ejemplo,la de Bétera OTAN-Valencia,con militares-Aliens donde se fabrican cantidad de clones humanos ,se drogan a las chicas fértiles ,en edad fértil,se las lleva a estos lugares ,se las insemina ,se las lleva otra vez a casa ,a los 3 meses,uy! No me ha llegado la regla,las vuelven a meter en las bases,le sacan el feto a los tres meses (sea clon humano,o híbrido alien gris-reptiliano-humano) , tres meses más en un tanque de flotación y ya tienen un clon adulto y desarrollado (+30 años) y sólo tiene que hacer otra vez la transaferencia de conciencia y ya tienen un clon que pueden controlar-te ,no solo al clon,de paso.Y otras apliaciones que ellos realizan, todo esto lo saben todos en España,y en todo el mundo,Brasil,EEUU.en todos los paises del mundo ,todos los gobiernos,es la herramienta más importante de control que ellos tienen.Y son los gobiernos,son las instituciones del Estado,las grandes empresas,las escuelas,las Universidades,las clínicas privadas,los hospitales,policia,jueces,a los políticos les gusta mucho ser clonados,pero los usan para fines benéficos exclusivamente para ellos,sulen sacar información a través de tu clon y te quedas sin tus derechos de autor ,ojo!.

Esto es sólo una pequeñísima visión general del panorama actual,pero no adelantemos acontecimientos ,hemos establecido una cronología y unas pautas Estamos a mediados de los años 60´s en la España de Franco y cómo está iniciándose esta Agenda del NWO,pero queda lo más interesante,la construcción de las diferentes bases subterráneas urbanas en las diferentes capitales españolas,submarinas y del interior,la creación de la política de clones-Psi Tek-Montauk y la llegada de nuevos actores en este tablero de juego,tanto humanos como extraterrestres (insektores/aviarios…) que van a aportarnos nuevos datos acerca de esta historia escondida y oculta de nuestra propia realidad.

1.9.2 " El Tratado de la Zarzuela (1962)" :

Ese mismo año y coincidiendo con el matrimonio de Juan Carlos de Borbón con Sofía de Grecia,los cónyuges se trasladaron a vivir al Palacio de la Zarzuela,al contrario que el anciano dictador que habituaba la residencia del Pardo,la jóven pareja se aclimató enseguida al edificio,y alli han permanecen hasta nuestros días,pero no es eso de lo que nosotros vamos a hablar,de la bucólica vida de la familia real reptiliana española sino del hecho que marcó ese año la historia de España y del mundo desde esos momentos hasta fechas bien recientes :
 El jóven Juan Carlos,ajeno "todavía" a los asuntos de estado,deambulaba por el coto de caza del Pardo acompañado por sus asistentes y en buen clima de camaradería, persiguiendo a un ciervo y a punto de cogerlo,Juan Carlos vivió una de las experiencias más sorprendentes y traumáticas de su vida al ser assalltado su Land Rover por una luz cegadora que los hizo salirse de la linde en dirección a una zanja cercana,no bien repuestos de la conmoción ,y ante la sorpresa de todosJuan Carlos ordenó que se dirigiesen a sus habitaciones,que lo dejasen solo con voz firme y clara,y ante la sorpresa de todos el jóven no mostró seánles de cansancio o de herida alguna,simplmente declamó al levantarse : Podéis iros,dejadme aqui!!! Ya os avisaré,rápido!.
Ninguno de ellos daba crédito a lo que decía Juan Carlos,pero le obedecieron y le dejaron solo,sin más compañia que la de un walkie-talkie como único medio de comunicación.
Lo que ocurrió entre la soledad voluntaria en el coto y la llegada de Juan Carlos al Palacio de la Zarzuela sigue siendo un misterio,aunque intentaremos relatarlo con el mayor número de detalles posible.En cuanto se hubieron marchado sus ayudantes la cra del futuro monarca cambió de la seguridad anterior a una circunspección y terror absolutos,la luz que les envolvía con anterioridad volvió y le envolviió en su manto de color blanco,cegadora:
-Qué..qué queréis?.
-Te llamas Juan Carlos? Juan Carlos de Borbón? Dijeron unas voces muy claramente,graves y firmes,con un acento un poco amanerado y posiblemente germánico,según la educación clásica de Juan Carlos que recibió en Lisboa.Pronto 4 figuras se hicieron patentes de entre la luz,dos más altas,aproximándose,casi humanas,y vestidas con uniforme de mariscal Nazi aunque mas "fashion",y un triángulo invertido como ´simbolo en sus chaquetas (el símbolo de los Grises en las bases subterráneas en todo el mundo).Otros dos bultos,mucho más pequeños se acercaron detrás de los dos nórdicos,rubios y perfectamente disciplnados,dejándoles pasar ceremoniosamente ante el aterrorizado Juan Carlos,de rodillas y casi llorando.
-Qué queréis? Quiénes sois? Que me estáis obligando a hacer?.
-SOlamente te hemos dirigido telepáticamente para que despidieras a tus criados,con ésto!,señaló el nazi más bajito,con rasgos angulosos y sentado sobre una piedra,era una caja cúbica,metálica,o asi parecía,que apretaba concienzudamente.

-No sé quiénes sois..puede ser peligroso para vosotros,Franco..

-Franco es asunto nuestro,señaló el primer gris acercándose a Juan Carlos y ayudándole a erguirse.

-Qué?.

-Tú eres nuestra prioridad,queremos hablar contigo,puedes hacerlo voluntariamente o...

La curiosidad intrigaba a Juan Carlos que no se negó.

-Está bien,vamos...Y las 5 figuras fueron depositándose en sendas piedras que parecía formar un círculo de piedras.

Recomponiéndose un poco,el futuro regente se sentó sobre una gran piedra caliza de base plana.

-Yo no sé..

-Pero nosotros sí sabemos,mira..Sobre la base de la caja cúbica se formó una imagen al principio etérica,luego más uniforme,una esfera que contenía otras esferas,un holograma con otros hologramas más en su interior,de cada uno de ellos surgió las imágenes del futuro : vio las bases subterráneas,la politica de clones,los propios aliens colaborando con los militares españoles en las bases...

El joven,visiblemenre emocionado se puso a llorar el ver la gravedad y seriedad de la información.

-Comprendes?.Nosotros viajamos en el tiempo,podemos cambiar las líneas temporales,incluso coloar nuestras lineas en lugar de las originales..pero para eso necesitamops tu colaboración,claro si quieres..A cambio te ofrecemos inmunidad.

-Qué tipo de inmunidad?.

-Total,podemos hacerte jefe del Estado.Tranquilo,sabemos lo que piensas,Franco no será un problema ,te hará su sucesor.Nosotros te garantizamos un futuro,no sólo uno,sino muchos futuros,y tú serás y saldrás siempre como defensor de España,mira!!!De entre los glóbulos del interior de la esfera holográfica surguieron el 23F,la entrada en la Unión europea,el atentado de Madrid de Al-Qaeda...Y en todas ellas Juan Carlos protagonista.Y os daremos nuestra tecnología militar,es lo mismo que dijimos a Franco,Ingeniería reversa.

-Y a cambio?.Preguntó con un ademán reptiliano,claramente ambicionando lo sugerido por los Grises.

-Solamente necesitamos que nos des absoluta libertad para experimentar con los españoles,genéticamente,y apoyarnos en la construcción de las bases subterráneas,en las que deben colaborar los militares de tu pais,Nada más,Ah! Y necesitamos tu firma aquí!,dijo el Gris que había hablado con el Borbón,acudiendo enseguida el nazi uniformado con un papel y un bolígrafo.

-Firmar,aqui?.Dejando su firma sobre el legajo.

-Sí!,como hacéis vosotros,dónde estamos?.

-Dónde estamos?.En el coto del Pardo,cerca de La Zarzuela.

-La zarzuela?.Está bien,le pondremos ese nombre a este acuerdo,"EL Tratado de la Zarzuela"

Y con la misma parsimonia con la que había hablado el gris se acercó a 10 centímetros de la cara de Juan Carlos,lo siguiente que recuerda es despertar en su dormitorio.

-Qué?

-Qué te pasa? Juan ..Ayer estabas muy raro,llegaste al Palacio solo y hablando ,farfullando,tuvo que venir el doctor y aplicarte un calmante.

-Qué yo hice qué,Sofía?.Bueno,ya hablaremos,tengo que hacer muchas cosas,se aseó como pudo y salió llamando a sus asistentes,organizando una visita al sitio donde el día anterior habían cazado.Cuando llegaron no encontraron nada,solamente unas huellas,unos agujeros en la tierra,como si hubiera habido un gran peso sobre el suelo,una maquinaria,un objeto grande.

-Señor!..Y la tierra está caliente,y el sol apenas ha salido!!!.

-Dejadlo!!..avisad a la policia militar,y que hagan lo que suelen hacer con estas cosas,acordonar la zona,,y ni una palabra a nadie,ayer nos fuimos a cazar,nada más..Comprendido?.

-Señor,sí señor!!.

Pero una última mirada furtiva iluminó su rostro y en su mente recuerdos reptiles y que le recordaron que debía mantener su compostura,y su perfil humano; nadie debía saber su naturaleza metamorfa -"shape-shifter"y la reunión,casi furtiva que tuvo lugar en aquella noche y que iría a cambiarlo todo.

Aqui detalle en la foto un elemento más de la propaganda de los Grises,pero desenmascarado por la aprición del símbolo del triángulo invertido(azul),símbolo de la bases subterráneas conjuntas aliens-humanas-militares ,haciéndose pasar por los "salvadores" para después conquistar con sus aliados de NWO es lo que se llama en inglés "The Big Deception" y en español "EL Gran Engaño".

Los franceses hicieron pactos con los Grises también…